Denna bok tillägnar jag min mamma, mig själv och mina bröder. Ni är för evigt i mitt hjärta och när vi en dag sitter där, gamla och gråa och minnet börjar svika, så kommer denna bok att vara vårt fysiska bevis på vilka kämpar vi är

– vi som överlevde vår barndom.

Boken är inte bara en berättelse, den är en påminnelse om styrkan vi hade och det vi klarade av tillsammans.

För alltid och för evigt.

En verklighetsbaserad bok om mod, hopp och styrka

Kära läsare,

Det känns både skrämmande och befriande att hålla denna bok i mina händer och kunna dela den med er. Att skriva har varit ett sätt att bearbeta, förstå och kanske också hitta läkning för det vi har gått igenom. Varje ord som ni nu håller i händerna har varit ett steg på den resa som började långt innan dessa sidor fylldes.

Min största förhoppning med denna bok är att den ska ge hopp och styrka till er alla. Oavsett vad ni har gått igenom eller inte, vill jag att ni ska veta att det alltid finns en väg framåt. Vi är starkare än vi tror och vi har alla förmågan att övervinna de svåraste tiderna. Livet kan vara tufft, men vi bär på en inre kraft som hjälper oss att fortsätta, gå vidare och bygga en bättre framtid för oss själva.

Tack för att ni ger mig plats i era liv genom att läsa min bok. Jag hoppas att ni lämnar dessa sidor med en känsla av att livet, på sitt eget sätt, kan bli bättre och att hoppet aldrig är förlorat.

I SJU ÅR

Verkligheten

Den morgonen öppnade jag långsamt mina ögon, jag ville tro att det bara var en mardröm. Men ju mer jag vaknade desto mer insåg jag att det var min verklighet.

Är det så här det kommer att vara nu?

Jag sneglade ner mot mina fötter, som kändes svullna och en brinnande känsla pulserade underifrån. Sedan tittade jag mot sängramen vid fotänden, som var gjord av furuträ. Hålen som han hade borrat dit fanns kvar, ett vid varje hörn. Jag tittade mot klädgarderoben som stod till vänster om mig och på garderobsdörren hängde ett litet lås. Ett lås som han själv hade satt dit. Kläderna som han hade valt låg på golvet nedanför min säng. När jag tittade upp mot taket och vidare mot huvudsänggaveln såg jag att de hål han hade borrat dit också fanns där på riktigt. Ingen mardröm att vakna ur – det här är min verklighet. Magen knöt sig och jag kände hur det blev svårt att andas. Men jag var tvungen att gå upp.

Jag satte mig på sängkanten och lät fötterna försiktigt nudda golvet. Smärtan var outhärdlig. Jag minns än idag den svidande, brinnande känslan under fotsulorna. Jag böjde mig ner och plockade upp den gråfärgade stickade tröjan och ett par svarta, pösiga byxor.

Samma kläder idag igen, tänkte jag.

De luktade illa. Jag hade haft dem på mig i veckor nu, mitt i den varma sommaren. Men det var det han hade bestämt att jag skulle ha på mig.

Jag hade en sådan otrolig ångest över att det var sommarlov. Jag saknade skolan... Att vara hemma med pappa hela dagarna var en riktig mardröm.

Jag reste mig upp från sängen och kände hur det var svårt att stå på fötterna. Jag prövade att gå på hälarna i stället. Det gjorde fortfarande ont, men jag tog mig ut från sovrummet, stödjande mig mot väggarna. När jag kom ut i köket såg jag mamma vid matbordet och knådade en deg i en bunke. Min mage kurrade och hunger spred sig genom kroppen. Jag kände hur min kropp krävde något och jag kunde inte ignorera känslan längre. Plötsligt slog det mig – jag hade inte ätit sedan morgonen innan.

-Vart är han? viskade jag.
-På övervåningen, har du ont? frågade mamma med en svag röst
-Ja, jag vågar inte titta hur det ser ut under fötterna, svarade jag och vände mig om för att gå ut från köket.

I samma stund hörde jag tunga steg från övervåningen. Jag tittade mot trappan och såg pappas fötter längst upp vid trappsteget. Paniken grep tag i mig. Jag försökte snabbt förflytta mig till vardagsrummet genom att småspringa på hälarna. Jag passerade dörren till den stora toaletten och stödde mig kort mot handtaget innan jag fortsatte mot mitt mål – den bruna gamla fåtöljen.

-Jaså, hon har tagit sig upp! hörde jag pappa säga bakom mig, hånfullt, nästan med ett litet flin.

Jag lutade mig mot fåtöljens armstöd och satte mig ner. På andra sidan till höger om fåtöljen stod en stor brun hörnsoffa där två av mina bröder satt och läste böcker. Vi tittade lite snabbt på varandra utan att säga något. Pappa gick fram och ställde sig precis framför mig.

6

Jag ville inte titta upp mot honom i stället fixerade jag blicken på det blommiga mönstret på den stora vardagsrumsmattan som nästan täckte hela vardagsrumsgolvet i färgerna beige, brun, svart och vit.

-Hur känns det i fötterna? Det ser inte ut som att du fått tillräckligt med slag, sa han med en besviken ton. Jag borde ha tagit i mer eller kanske använda något annat. Hm, jag kommer nog på något, sa han och lämnade vardagsrummet med en snabb rörelse, som om han var på väg att leta efter något i huset.

Jag fortsatte att stirra ner på mattan, helt ointresserad av vad han sa. Det var lättare att fokusera på mönstret där på golvet än att möta hans blick. Jag skulle kunna rita av mattan, exakt som den såg ut för tjugotvå år sedan – varje linje, varje detalj, precis som då.

-Jag orkar inte att han tvingar oss att läsa böcker i två timmar, hörde jag min storebror säga, hans röst full av irritation.

Jag tittade upp mot honom och på boken han lagt åt sidan.

-Kommer han inte att märka att du har läst samma bok i flera månader snart? undrade jag, orolig för att han skulle bli upptäckt.

-Nej, jag säger bara att det har tagit tid att läsa ut "Anne Franks dagbok" för att jag läser så sakta, svarade han. Sen rör jag om lite i handlingen så att pappa ska tro att boken är längre än vad den är. Ni borde göra samma sak, gav han som råd till oss andra för att slippa läsa hela tiden.

7

Att läsa böcker i två timmar varje dag hade pappa infört för att skryta om att han var en bra förälder som lär oss att böcker är viktigare än allt annat,

-Mina barn läser böcker i stället för att slösa tid på att leka ute. De blir smarta av att läsa, sa han till våra släktingar och hans vänner.

Pappa var lång, med mörka ögon och svart hår och hans närvaro krävde respekt. Sättet han talade på fick alla att tro att hans ord och handlingar alltid var rätt och ingen vågade ifrågasätta honom. Alla såg upp till honom och han framstod som den perfekta pappan som bara ville sina barns bästa. Men vad ingen visste var att han lyckades manipulera alla runt omkring sig, få dem att tro på hans falska bild av sig själv.

Jag satt kvar där i fåtöljen och tänkte på hur gårdagens händelse fick mig att tappa allt hopp om att någon skulle rädda oss, att någon skulle ta mig långt bort från honom.

Jag var van vid att pappa slog mig på olika sätt – med knytnävarna, bälten eller till och med trädgrenar. Men den här gången var det annorlunda. Hans nya sätt att slå mig var något jag aldrig tidigare upplevt. Det var värre. Nu fanns inget sätt att skydda mig, inga händer som kunde dämpa smärtan eller blockera slagen, Jag kommer ihåg den dagen så väl, hur det började.

Han hade vaknat på dåligt humör, som vanligt. Vi visste direkt vilket humör han var på – det hördes i grymtningarna, i ljuden han gjorde när han klev upp på morgonen. Han satte sig i köket med ett glas sprit och en cigarett och började ropa in oss en efter en, vi visste redan då att dagen skulle bli svår. Vi satte oss runt matbordet – mamma, storebror, jag och mina två yngre bröder.

Han stirrade på oss, tog ett djupt bloss och började prata illa om mamma, som han ofta brukade göra. Och han gjorde det på ett sätt som om hon inte ens var där, som om hennes närvaro inte betydde någonting

-Eran mamma är inget mer än en soptunna och en hushållerska för oss här hemma. Titta på henne! skrek han och pekade på mamma.

Mamma satt med blicken sänkt, stel och tyst. Hon vågade inte möta vare sig hans eller våra ögon.

-Från och med nu får ni aldrig mer kalla henne för mamma! Ni får inte prata med henne, inte röra henne. Hon är bara hemmets soptunna och hushållerska!! Upprepade pappa flera gånger.

Jag såg på honom och kände ett djupt förakt. Hans ord var som gift, men det bet inte på mig. Vi älskade mamma. Vi försökte skydda henne, även när det betydde att vi fick ta emot hans slag. Han kunde slå oss en efter en, om och om igen, tills han var nöjd. Tills han trodde att han vunnit över oss, att vi nu hatade mamma – precis som han ville.

När han var klar med sina tirader skickade han ut oss i vardagsrummet. Vi lydde och han satt kvar i köket, muttrade, drack och rökte. Jag satte mig på vardagsrumsmattan, mamma satte sig en bit bort och mina bröder i soffan. Vi höll avstånd från henne – om han såg oss för nära skulle han slå oss igen och värst av allt, då kanske även mamma skulle få stryk.

-Han är bara dum! viskade vi till mamma och försökte trösta henne med små komplimanger. Hon log svagt.

Efter ett tag hörde vi honom röra sig från köket och in mot det stora sovrummet som var mammas och pappas. Vi hade fortfarande inte fått frukost så mamma smög in i köket, försiktig och tyst, för att plocka fram något vi kunde äta.

Ljudet av lådor och skåp som pappa smällde igen ekade genom huset och varje gång fick vi hjärtat i halsgropen.

Plötsligt hörde vi honom komma ut i vardagsrummet, gå fram till det svarta skåpet som stod bakom den gamla bruna fåtöljen och där tog han fram borrmaskinen med alla sina tillbehör. Sedan försvann han in i mitt rum och stängde dörren bakom sig med ett hårt klick. Vi barn satt kvar i vardagsrummet med en klump i magen.

Efter en stund började borrmaskinens dova brummande fylla huset. Vi satt tysta, stirrande på varandra med stora, rädda ögon. Vad höll han på med där inne? Och varför?

-Kom, vi måste kolla! viskade min storebror.

Och så smög vi oss fram till nyckelhålet. Han kikade först. Jag såg upp till honom – han var modig och med honom vid min sida kände jag mig också lite modig.

-Ser du något? frågade jag.
-Lite, sa han och flyttade på sig så att jag kunde kika.

Men just då tystnade borrmaskinen. Paniken slog till. Vi kastade oss tillbaka till vardagsrummet, som om vi flög dit.

Hade han hört oss?

Han kom inte ut direkt. I stället hörde vi hur han släpade något tungt – min säng. Sedan började det banka.

Jag och min storebror andades ut och berättade för våra yngre bröder vad vi sett. Så småningom kom pappa ut. Han gick runt i huset, letade, muttrade. I handen höll han ett vitt nylon rep, en morakniv och en rulle silvertejp.

Jag var bara elva år och förstod inte vad han skulle ha allt det till. Men jag visste att han använt kniven för att hota oss förut. Han gick tillbaka in till mitt rum, det var inte riktigt ett sovrum som jag hade, utan det var ett litet kontorsrum som låg på nedervåningen. Längs ena väggen stod fyra garderober på rad och ett litet fönster släppte in lite ljus. Rummet var så trångt att det knappt rymde en 90-säng, som stod där som en nödlösning.

Frukosten som mamma hade lagt fram på köksbordet hann vi knappt röra vid innan vi hörde att pappa kallade på oss,

-Nu kommer ni in hit genast, sa han med en tvingande röst. Jag har något att visa er!

Våra hjärtan bultade i bröstet och det kändes som om mina ben inte längre ville bära mig.

Varje steg vi tog kändes tyngre än det förra, som om marken var gjord av bly. Vi ställde oss i rad framför garderoberna i mitt lilla rum, raka i ryggen, precis som han ville. Det var trångt.

Det första vi la märke till var att min sänggavel hade hål i varje hörn, där han trätt igenom det vita nylonrepet. Pappa såg på mig och pekade mot min säng,

-Lägg dig! beordrade han.

Mamma och mina bröder protesterade, deras röster darrade. Jag själv stod stel, osäker.

-Håll käften! vrålade han, så att spritlukten slog emot oss. Nu ska jag visa er vad jag ska göra med Miranda!

11

Jag la mig i min säng med hjärtat bultande. Paniken steg när han tog min högra hand och knöt fast den i sänggaveln. Sen den vänstra. Det skar in i handlederna. Mamma försökte rusa fram, men han slog till henne hårt att det fick henne att falla.

Vi barn skrek och grät,

-Sluta Pappa! Sluta! Låt mamma vara!

Han vände sig från henne och grep tag i mina ben. Drog ner mig tills jag nådde sänggaveln och knöt fast fötterna också.

Jag var för kort för sängen, men han tvingade ner mig ändå, mina armar sträcktes smärtsamt. Sen drog han fram en tjock, ljusgrå elkabel, tejpad med silvertejp. Han höll den i handen och såg på oss,

-Jag har kommit på ett nytt sätt att straffa Miranda på, sa han med en skrytsam ton, titta noga nu!

Och så kom det första slaget under min vänstra fot.
En fruktansvärd brännande smärta skar genom min kropp. Jag kunde inte hålla tillbaka smärtan och i ren desperation skrek jag. Mina bröder och mamma grät och bad pappa att sluta,

-Låt Miranda vara! Snälla, sluta!

Men deras rop verkade bara göra honom mer ursinnig. Han slog mig igen, först på höger fot, sedan på vänster. Om och om igen. Det kändes som om mina fötter brann. Varje slag fick ilningen att skjuta upp genom benen. Han vände sig mot mamma och bröderna, höjde kabeln och hotade dom,

-Om ni säger ett ord till, slår jag ihjäl er med den här!

Då skrek jag till pappa,

-Låt dem vara! Slå mig, men låt dem vara!

För att det kändes som att det vore lättare om han slog mig i stället för de andra. Jag var rädd för att han skulle göra dem illa och jag ville inte att de skulle få ont – jag ville skydda dem, även om det innebar att jag själv fick utstå smärtan.

Pappa stirrade på mig med svarta, hatfyllda ögon. Han lutade sig nära mitt ansikte och viskade,

-Skriker du igen, ska du få se vad jag gör!

Han tog fram en rulle silvertejp, rev loss en bit med tänderna och tryckte den hårt över min mun. Sedan tog han en till och satte den över min näsa. Jag fick panik. Jag kunde inte andas.

Han stod och såg på mig, njöt av min rädsla, skrattade medan jag kämpade för att få in luft. Bröstkorgen värkte, lungorna skrek efter syre, tårarna rann. Jag försökte göra ljud, men allt jag fick fram var desperata läten. Jag vände mig mot mamma och bröderna med blicken, bad dem om hjälp med ögonen.

Om jag dog här, vad skulle hända med dem?
Skulle han skada dem ännu mer?

Trycket i bröstet blev outhärdligt. Synfältet började bli suddigt. Precis när jag trodde att jag skulle förlora medvetandet, lutade han sig fram och slet av tejpen från min näsa. Jag flämtade efter luft. Smärtan i bröstet lättade.

Han skrattade åt mig, hånfullt och hans ansiktsuttryck visade hur mycket han njöt.

Mamma och bröderna grät, bad honom att knyta loss mig.

Men han bara log och lyfte kabeln igen, slog några sista gånger under mina fötter innan han klev tillbaka. Vi kunde verkligen både känna och se hur han njöt över att ha makten. Jag låg där, tom inuti. Det kändes som att allt jag hade kvar av mig själv försvann den dagen. Pappa hade tagit allt ifrån mig. Nu var jag helt försvarslös.

Sedan, som om inget hade hänt beordrade han min lillebror att hämta en ugnsform med kallt vatten och ställa den bredvid sängen. Han knöt loss mina handleder och fötter.

-Sätt dig upp och doppa dem i vattnet, det hjälper mot svullnad, sa pappa som om han plötsligt var omtänksam.

Jag rörde mig knappt. Smärtan var förlamande.

Men jag gjorde som han sa. Det kalla vattnet brände mot mina fotsulor. Jag stirrade ner i ugnsformen och försökte stänga ute hans röst, hans skratt, min mammas och brödernas gråt.

Jag ville försvinna. Ville aldrig känna den smärtan igen. Ville aldrig mer vara här. Jag kände en viss lättnad när jag doppade fötterna i det kalla vattnet, det lindrade åtminstone en aning av smärtan som brände i fötterna. Men den känslan försvann snabbt, för efter bara en kort stund tog han ugnsformen och lämnade mitt rum. Med en kall, befallande blick beordrade han mamma och mina bröder att lämna också. Jag vet inte hur länge vi hade varit där, eller hur länge han hade slagit mig.

Allt var förvridet i mitt sinne. Jag minns bara att jag senare tvingades lägga mig i sängen och vila resten av dagen, tankarna snurrade i mitt huvud, tårarna rann utan stopp. Jag grät för att jag inte förstod,

Varför är jag så oönskad? Så hatad? Så oälskad av min egen pappa?

Under så många år hade han utsatt mig för ofattbara grymheter – misshandlat mig, våldtagit mig. Men den här gången var något annat. Att han nu skulle binda fast mig, kväva mig och slå mig samtidigt var något ännu mer skrämmande.

Hur länge till skulle jag orka? Hur länge till skulle min kropp och själ stå ut med denna helvetiska mardröm?

Jag försökte tänka klart, men mina tankar var som en dimma. Jag måste hitta ett sätt att skydda mig.

Jag förstod att hans hatiska vrede mot mig beror på att jag vägrat bli hans fru. Det måste vara just det som utlöst hans galna raseri…

Där satt jag i vardagsrummet nu, försökte hålla mig stilla, men mina tankar började vandra. Mina bröder låg i soffan, utmattade men ändå oroliga. Böckerna låg bredvid dem, men deras blickar var fastlåsta vid taket, som om de försökte lura tiden att gå utan att bli påkomna. Jag såg på dem och förstod direkt – de var rädda för att pappa skulle komma in och upptäcka att de inte läste längre. Varje gång en dörr gnisslade eller ett ljud hördes från hallen, flackade deras blickar snabbt ditåt. Det var som om deras paus var en förbjuden handling, något de desperat försökte hålla hemligt. Jag visste att gårdagen inte hade varit lätt för dem heller. De hade försökt ingripa, försökt stoppa pappa, men de var lika utsatta och rädda som jag. De ville hjälpa, men visste likaväl som jag att det inte fanns något de kunde göra utan att själva riskera att bli utsatta för hans vrede.

Det måste vara hans sätt att hämnas på mig, tänkte jag och jag tittade ner på mina fötter, som jag höll uppe för att inte nudda mattan. Jag visste att om jag inte gjorde som han ville, skulle det bara leda till mer våld och tanken på det fick mig att känna mig liten och hjälplös.

Jag började dagdrömma om skolan, om friheten där, bort från allt detta. Åh, vad jag saknade skolan…

Skolan var min frihet och trygghet, åtminstone under lektionerna, när pappa inte kunde hämta mig när han ville. Rasterna hade blivit det värsta, men ändå saknade jag lektionerna. I klassrummet, för en kort stund, var jag fri från allt annat. Jag visste att pappa alltid stod där, utanför skolan, på parkeringen i den stora vita familjebilen och väntade på att jag skulle komma ut. Jag var tvungen att tillbringa min rast med honom i bilen. Han hade stenkoll på mitt skolschema och jag skulle gå direkt till honom efter varje lektion.

Inte en enda minut för sent – för då kunde det bli ett helvete för mig. Men sommarloven hemma var ännu värre. Där, hela dagarna, var jag fast med pappa, utan något att göra, utan frihet. Skolan, trots allt, var en fristad i jämförelse.

Mitt dagdrömmande avbröts när jag hörde mamma ropa från köket att frukosten var klar. Det var som om tiden stannade för en sekund innan min storebror kom fram till mig, hans hand sträckte sig mot mig utan att tveka. Jag såg på honom och kände hur han erbjöd sig att hjälpa mig, som om han visste att varje steg var en ansträngning. Jag tog tag i hans hand, kände hans stadiga grepp och reste mig långsamt. Med hans stöd började vi gå mot köket, varje steg kändes långsamt men ändå tryggt. Jag var så hungrig att det gjorde ont i magen nu. Mamma hade bakat bröd och vi satte oss tysta vid matbordet, vi alla visste att det var bäst att inte säga något. Pappa satt där och trots att han inte sa mycket, var hans närvaro tung. Han flikade in då och då, med en röst som kröp under huden, alltid fokuserad på vad vi gjorde fel när vi åt,

-Ta inte så stor tugga! Du äter som en åsna! Sitt rakt upp! Gör inget tuggljud!

Varje gång hans röst bröt tystnaden kände vi alla hur rädslan var nära. Hans ord var inte bara anmärkningar – de var krav och vi visste att om vi inte följde dem innebar det konsekvenser. Allt jag kunde tänka på var att få i mig maten så snabbt som möjligt, för jag visste att om jag inte blev mätt innan pappa fick ett utbrott, skulle jag få gå hungrig igen. När vi var klara med frukosten gick jag direkt in i mitt rum, där jag stannade hela dagen för att hålla mig undan pappa.

Jag låg i sängen, ensam med mina tankar och kände hur fotsulorna värkte efter allt jag hade gått igenom. I det tysta rummet var smärtan konstant, både den fysiska och den känslomässiga, som en ständig påminnelse om allt pappa hade gjort mot mig.

Solljusets strålar försökte tränga igenom de neddragna persiennerna i fönstret, men stannade som svaga, gula linjer på golvet. Utanför hördes röster från barn som lekte och skrattade, ljudet av bollar som studsade, grannar som hälsade på varandra och hundar som skällde. Allt det där var en ständig påminnelse om friheten vi inte hade, om livet utanför som jag inte kunde nå. Jag låg där, ensam, i mitt rum, där väggarna kändes som en fängelsemur och tystnaden blev allt tyngre. Inifrån mitt rum hörde jag pappas harklande och de tunga fotstegen som rörde sig runt i huset. Vad skulle han göra nu?

Den frågan snurrade i mitt huvud, varje steg fick mitt hjärta att slå snabbare. Jag visste aldrig vad som kunde hända när han var i rörelse, men så hörde jag honom ropa på min storebror. Han ville att han skulle sätta sig i köket, för att han skulle börja förhöra honom om boken han läste. Jag kände hur spänningen i luften ökade.

Stackars storebror, tänkte jag.

Jag kände en isande oro för honom – hoppas bara att han inte blir upptäckt med att ha haft samma bok hela tiden. Tanken på att han skulle bli påkommen gjorde mig nervös, men jag visste att det inte var mycket jag kunde göra för att hjälpa honom.

Förhören var hans sätt att utöva total kontroll över oss. Timme efter timme var vi tvungna att sitta där, en efter en och blev förhörda om böckerna vi hade läst, om vad vi hade gjort under dagarna när han inte var hemma. Allt skulle redovisas, detaljerat och i rätt tidsscheman. Det var hans ritual.

Ibland var vi fyra barn samlade, antingen i vardagsrummet eller i köket, fastklistrade vid stolen, tysta och osäkra.

Förhören kunde pågå i flera timmar och vi fick inte ens gå på toaletten. Vi höll oss så länge att smärtan i urinblåsan blev outhärdlig.

Jag undrade om han egentligen brydde sig om våra svar när han frågade om böckerna vi läst. Han satt där med sin sprit, rökte cigaretter och stirrade ut genom persiennerna. Hans blick var inte riktad mot oss, utan han var mer nyfiken på vem som gick förbi på gatan utanför. När mamma sa att maten var klar, var det vår enda chans att få en paus – vi visste att förhören var över för den här gången. Men innan vi fick gå på toaletten och tvätta händerna var vi tvungna att höra pappa säga,

-Maten ska ätas när den är varm!

Sedan fick vi gå.

Och andra gånger när han inte förhörde oss, höll han i stället morakniven mot våra halsar och hotade att döda oss. Först mamma, sedan jag, och till sist mina bröder – i exakt den ordningen.

Han visade gång på gång, med kylig, metodisk noggrannhet, hur han skulle skära oss i bitar. Och med varje ord förklarade han hur odugliga vi var, hur missnöjd han var med att vi överhuvudtaget existerade.

Vi hade flyttat till ett villaområde, omringat av barnfamiljer. Vårt hus var det första på gatan, ett lugnt och stilla område, som jag på något sätt älskade trots allt. Men ingen av våra grannar hade en aning om vad som egentligen pågick bakom vår dörr.

Och mitt emot oss bodde en polis. Många gånger, när vi satt där i köket eller vardagsrummet, hade vi velat springa över till honom, bankat på dörren och bett om hjälp. Men vi vågade inte. Den rädslan – rädslan för vad han skulle göra om vi berättade – var djupt inpräntad i våra kroppar. Rädsla för att han skulle döda mamma och sedan oss, hade han fruktansvärt nog fått oss att tro sedan vi var små.

Det var något vi lärde oss att leva med, även om vi visste att det var fel, något som vi inte ens kunde tänka på att prata om. Vi hade blivit mästare på att dölja det som hände bakom stängda dörrar.

Fasaden pappa byggt upp var omöjlig att genomskåda, han var den trevliga, omhändertagande pappan som hade köpt hus till familjen och drev två affärer. En av dem, "Frukt & Grönt," var hans stolthet. Ingen visste att det egentligen var mamma som stod för allt arbete, medan pappa tog äran för att vara den framgångsrike affärsmannen. Det var han som skulle hyllas för allt – för hur han uppfostrade oss och för hur han höll vårt hem i perfekt ordning.

Hemligheten

Första gången pappa utsatte mig för övergreppen var när jag var sju år. Jag hade, så länge jag kunde minnas, haft problem med urinvägsinfektioner, vilket ledde till många läkarbesök. Jag minns särskilt sjukhuset vi alltid åkte till. Det låg i en annan ort och resan dit tog mer än en timme. Redan då, vid läkarbesöken, kände jag en gnagande obehagskänsla när pappa följde med mig in på toaletten när jag skulle kissa i en plastmugg som läkaren behövde. Pappa fick mig att känna mig oerhört obekväm och jag kände en stark känsla av skam när han tittade på mig under de momenten. Jag undrade varför mamma aldrig var med i stället. Idag förstår jag att hon inte fick, att han inte tillät det.

Men det var under jullovet 1996 som det hände. Han kom in till mig en natt och lade sig i min säng. Jag vaknade av en smärta jag inte riktigt kunde förstå. Det gjorde ont i mitt underliv. Han flåsade i mitt öra och viskade,

-Jag gör bara en undersökning på dig. Läkaren har sagt att pappor måste undersöka sina döttrar där nere.

Jag försökte protestera. Jag sa att det gjorde ont och att jag inte ville. Men han reste sig upp, satte sig vid mina ben och särade på dem.

-Var tyst, beordrade han. Om du inte gör som jag säger då kommer jag att berätta för läkaren om hur olydig du har varit. Och då kommer du bli ännu sjukare och måste sova på sjukhuset...

21

Jag blev skräckslagen. Jag hatade sjukhuset. Jag hatade nålsticken, jag hatade blodprovsrören som sjuksköterskan fyllde gång på gång.

Men inget kunde jämföras med smärtan när han försökte tränga sig in i mig. Jag sa nej, gång på gång. Jag sa att jag inte ville, men smärtan var outhärdlig. Jag grät. Till slut blev han rasande och sa att jag hade förstört allt.

-Vi ska ha en pappa och dotter-hemlighet, sa han. Men då måste du sluta streta emot och göra som jag säger!

Jag vägrade. Han stormade ut från mitt rum, arg och besviken. Jag låg kvar, oförmögen att somna om. Smärtan brände i kroppen och jag ville gå till mamma. Men jag vågade inte. Jag låg där ensam i mörkret och tänkte på läkaren. Varför ville läkaren att pappor skulle göra detta mot sina döttrar?

Efter en stund hörde jag fotsteg. Sovrumsdörren öppnades och där var han igen. Han gick fram till min säng och sa med en kall ton att jag absolut inte fick berätta för mamma eller någon annan. Om jag gjorde det skulle jag råka riktigt illa ut. Jag svarade att jag hellre skulle sova på sjukhuset och ta ett nålstick än att han skulle göra en undersökning på mig igen.

Hans blick var hård när han såg på mig och han började smeka mig på pannan och handen rörde sig långsamt ner mot mitt hår.

-Jag vet att det gör ont i början, sa han med låg och lugn röst. Men snart kommer du att tycka om det. Och du kommer bli frisk. Du är min dotter och jag vet vad som är bäst för dig.

Jag låg där, förlorad i tankar.

Varför kände jag mig så här? Varför sa han så där?

22

Jag kände hur obehaget trängde in i mig och en känsla av hopplöshet överväldigade mig. Det var inte rätt, det kunde inte vara rätt.

Efter den första gången som pappa förgrep sig på mig så fortsatte våldtäkterna natt och dag, på bara några dagar under jullovet hade jag förstått att han inte kommer att sluta.

Jag minns så tydligt hur jag kände när jullovet var slut och skolan började igen. En förvånande glädje fyllde mig när jag tänkte på att få träffa fröken och mina klasskamrater. Jag var ju bara i första klass, men den där känslan av att vara tillbaka i den trygga, välbekanta skolan var något jag såg fram emot. På morgonen samlades vi alla i klassrummet, som vi alltid gjorde, och vi satt i en rund ring på den mörkgrå mattan mitt på golvet. Jag kunde höra barnens glada röster när vi fick turas om att berätta om våra jullov.

Men för mig var det annorlunda. Det var svårt att vara närvarande i stunden. Jag kände en brännande smärta i mitt underliv, något som hela tiden påminde mig om det som hänt och det gjorde att jag inte kunde sitta stilla på mattan som alla andra. Jag försökte koncentrera mig på vad som sades runt omkring mig, men smärtan var överväldigande. Fröken märkte att jag inte kunde sitta still. Hon var alltid så snäll och lugn. När hon talade var hennes röst mjuk och förstående. Men även så sa hon flera gånger, med en vänlig men bestämd ton,

-Miranda, nu måste du försöka sitta still för du stör alla de andra klasskamraterna.

Jag kände mig så liten och obekväm. Det var som om ingen riktigt visste vad jag gick igenom och ingen kunde förstå smärtan som jag bar på varje dag.

Jag tittade på mina klasskamrater som satt i ringen omkring mig, på alla tjejer.

Blir dom också undersökta av sina pappor? tänkte jag.

Pappa hade ju sagt att alla pappor gör så med sina döttrar. Jag hade börjat tro på honom, fast något inom mig skrek att det var fel, det kändes så fel, men jag visste inte vad jag skulle göra. Jag undrade om mina vänner också hade samma smärta, om de också bar på hemligheter som jag. När det var min tur att berätta om jullovet visste jag inte vad jag skulle säga.

Vad kunde jag säga? För oss hade inget speciellt hänt. Vi hade bara varit hemma, utan fest eller glädje. Vi firade inte ens jul. Pappa var arg hela tiden och han slog mig, mamma och mina bröder nästan varje dag. Nyårsnatten var värst. De dagarna som följde var som en fortsättning på helvetet.

Pappa hade sagt att det bara var vår "hemlighet" och inte ens mamma fick veta, för då skulle hon dö. Jag ville inte förlora mamma. Jag kunde inte. Jag sa till fröken att jullovet hade varit bra, men jag ljög. Fröken tog fram sin gitarr och vi skulle börja sjunga till,

"Om du har ett äpple, vill du dela det med mig?"

Jag älskade att sjunga. Musiken var en liten flykt för mig, ett sätt att känna något annat än smärtan. Jag tyckte att fröken var så duktig på gitarr. Men när fröken började spela,

"Teddybjörnen Fredriksson"

och vi sjöng med, kändes det som om en våg av känslor träffade mig. Melodin fick mig att börja gråta utan att jag kunde stoppa det. Jag ville så gärna ha en Teddybjörn, någon som jag kunde hålla om och som fick mig att känna mig trygg.

Någon jag kunde berätta min hemlighet för, någon som inte skulle dö om jag sa något.

Fröken såg att jag blev ledsen och hon frågade varför, men jag svarade bara att jag tyckte att låten var fin. Jag ville inte att hon skulle förstå, jag ville inte att någon skulle veta.

Borde jag berätta för fröken? Men tänk om pappa blir arg, om han blir så besviken på mig för att jag brutit vår hemlighet?

Jag ville inte göra pappa arg. Jag ville inte att mamma skulle dö. Och så tänkte jag att det nog var bäst att inte säga något alls.

Än idag känns det omöjligt för mig att lyssna på "*Teddybjörnen Fredriksson*". Låten väcker minnen som jag inte vill ha, men som ändå finns där, osynliga och obevekliga.

Mamma

En av de händelser som fortfarande känns som ett öppet sår inom mig, en smärta jag har haft svårt att bearbeta, inträffade en lördag – en helgdag då sommaren just börjat ta form. Jag var på väg att fylla åtta år. Jag minns hur pappa drog in mig på toaletten och låste dörren bakom oss, vilket var något han ofta gjorde. Jag förstod vad han ville. Jag skulle stå upp och böja mig fram mot handfatet. Pappa stod bakom mig och drog ner mina byxor och trosor innan han började göra sin "undersökning" med sina kalla fingrar. Jag kan fortfarande känna obehaget, den där känslan av att vara helt utsatt och jag ville skrika, men det kändes som om jag inte hade någon röst. Jag gråter fortfarande ibland när jag tänker på det, men i den stunden var det som om alla ord bara fastnade i halsen på mig.

Men den här gången var det något annorlunda. Jag hörde mammas röst genom dörren – hon knackade på och frågade med en viss oro vad vi höll på med där inne. Pappa skrek tillbaka att hon inte hade något att göra med detta och jag hörde honom ljuga, som alltid. Men mamma gav sig inte. Hon bankade hårt på dörren och krävde att få veta vad som pågick. Mitt hjärta rusade när jag hörde henne, en känsla av både hopp och rädsla, för det var första gången jag verkligen trodde att mamma skulle rädda mig. Men snart blev det tyst igen. Och den lilla glimt av hopp jag hade kände jag försvinna, som att någon raderade det på en sekund.

Pappa fortsatte som om inget hade hänt. Jag började gråta och bad honom att sluta, men jag visste redan att mina ord inte skulle förändra något. Ändå försökte jag, jag ville att han skulle förstå att jag aldrig ville vara en del av hans "hemlighet".

Plötsligt hörde jag ljudet av låset som började vridas om. Det var mamma! Hon var här! Och plötsligt fylldes jag av en blandning av hopp och skräck. Mamma hade den där beslutsamheten jag aldrig tidigare sett, med en kraft jag inte visste att hon hade lyckades hon öppna dörren utifrån. När hon såg vad som hände där inne, stelnade hon. Hennes ögon fylldes av chock och hon stod som frusen i dörröppningen. Jag stod där, böjd mot handfatet, mitt hjärta slog så hårt att jag nästan inte kunde andas. Jag tittade upp mot mamma och de enda orden som kom över mina läppar var,

-Förlåt, mamma. Och sedan brast det. Tårarna forsade ner för mina kinder och allt jag hade hållit inne kom ut på en gång.

Jag hade aldrig sett mamma så här bestämd och arg tidigare. Hon var fast besluten att rädda mig och det var som om hon plötsligt fick en styrka jag aldrig känt från henne förut. Hon konfronterade pappa och vi hörde hennes röst som ett vrål i hela vårt hem. Det var första gången vi någonsin hörde mamma ryta ifrån.

-Vad gör du mot min dotter?! skrek hon. Har du blivit helt sjuk i huvudet? fortsatte hon och hennes röst darrade av ilska.

Pappas vrede fyllde hela rummet, det ekade genom hemmet.

-Hur fan vågar du låsa upp dörren, din jävla hora? vräkte han ut och började vifta med sina händer mot mamma.

Jag såg hur han tog sats mot mamma och något i hans blick sa att han inte tänkte ge sig. Bråket mellan dem var en mardröm. Han jagade mamma genom hela hemmet, medan jag stod där i toaletten, paralyserad av rädsla.

Jag visste inte ens om jag fick lov att ta på mig trosorna och byxorna igen, men när jag hörde mammas rop var jag tvungen att göra något. Jag klädde snabbt på mig och rusade ut till vardagsrummet där hon kämpade för sitt liv. Jag ville hjälpa henne, men jag var för liten, för svag. Pappa var för stor, för stark.

Jag såg att mina bröder var lika rädda som jag och jag hörde dem också skrika,

-Sluta! Sluta pappa!

Men pappa brydde sig inte. Han var galen av ilska och när han tröttnat på att skrika, beordrade han mamma att skicka ut oss barn till lekplatsen. Annars hotade han att döda oss alla. Jag såg hur mamma tvekade men ändå sa till oss att gå. Vi stod vid ytterdörren och mamma satte sig på knä framför mig. Jag såg på hennes ögon att hon inte var den mamma jag brukade känna. Jag såg tårarna rinna ner för hennes kinder och hennes ansikte var en blandning av förtvivlan och rädsla. Det var som om hon visste att detta var ett val som skulle förändra allt.

-Hur länge har det här pågått? frågade hon mig och hennes röst var bruten. Hur länge har pappa rört dig?

Jag visste att hon hade anat det, men jag var så rädd att säga orden högt.

-Sedan jullovet... svarade jag och jag kunde känna hur hela min kropp blev stel. Och när du är på jobbet på dagarna och på nätterna när du sover...

Jag såg på mamma att jag hade gjort henne ledsen, mer än vad jag någonsin trott var möjligt. Hennes ansikte gick sönder och jag såg att det brast inuti henne.

-Förlåt mamma, viskade jag. Det är han som tvingar mig.

Mamma såg på mig med tårar i ögonen, fyllda av en sorg som inte gick att uttrycka med ord.

-Var inte ledsen, min dotter, sa hon mjukt. Det här är inte ditt fel. Jag lovar, han kommer aldrig att göra det här mot dig igen.

Jag kände ett litet hopp växa inom mig, men samtidigt kände jag en kall, tung känsla. Jag ville inte gå ut. Jag visste vad som skulle hända när vi inte var där. Men mamma tvingade oss ändå ut och låste dörren efter oss. Mina bröder gick ner till lekplatsen, men jag satte mig utanför vid ytterdörren och väntade på att få komma in igen.

Från insidan hörde jag skrik. Stackars Mamma, tänkte jag och tårarna bara rann. Min kropp kändes som om den var på väg att sprängas. Vad händer med mamma? Jag kände skuld. Jag kände att jag hade förstört allt. Att det var mitt fel. När jag såg grannar och barn gå förbi torkade jag snabbt bort tårarna, rädd för att de skulle se mig och jag hukade mig ner för att inte synas.

Efter en lång stund hörde jag dörren smälla upp och pappa stormade ut. Han stannade upp, vände blicken mot mig och gav mig en hård örfil på min högra kind.

-Se vad du har ställt till med, sa han och hans ord var som blytunga. Han gick sedan bort, utan att säga något mer.

Jag kände att han på något sätt bekräftade min värsta rädsla – att allting var mitt fel. Örfilen brände och jag kände tårarna bränna bakom ögonen. Jag rörde min kind och gick in till mamma som hade börjat ropa in oss med en svag röst. När jag kom in, såg jag först inte mamma. Jag gick mot köket, sedan mot vardagsrummet, där jag till slut såg henne.

Mamma låg i soffan, helt blåslagen. Jag stelnade, skräckslagen. Jag kunde inte tro mina egna ögon. Hon låg där, orörlig och kunde inte ens resa sig, jag sprang fort fram till henne, hjärtat bultande och sa,

-Förlåt mamma, förlåt mig, med en röst som var full av ånger och rädsla.

Jag höll om henne, men hon svarade knappt. Jag hörde inget mer än svaga andetag. Vi barn fick ta hand om oss själva den dagen. Mamma var för svag för att göra det. Mitt hjärta krossades. Jag visste att mamma hade försökt rädda mig, men allt slutade i katastrof.

Vad skulle hända nu? Vad skulle vi göra?

Pappa var försvunnen resten av dagen och kvällen. Jag minns att mamma, långsamt, lyckades ta sig från soffan. Hon höll sig mot väggarna och möblerna, hela vägen till deras sovrum. Jag försökte hjälpa henne genom att erbjuda henne att stötta sig mot mig. Hon kunde inte stå upprätt och försökte dölja sitt ansikte med sitt svarta, långa hår. Hon ville inte att vi skulle se vad pappa gjort med henne. Jag kände en djup, orolig förhoppning. Kanske hade hon fått honom att sluta. Kanske skulle allt bli bättre igen.

Dagarna gick och mamma började sakta återhämta sig, men något var djupt förändrat. Det kändes som om hon bara existerade på ytan, som om hennes själ var frånvarande. Hon pratade knappt längre och de ansiktsuttryck som en gång varit så levande och fulla av känslor var borta. Hennes ögon var tomma och jag kände hur ett mörkt hål öppnade sig där inne. Mamma hade förvandlats till något mekaniskt, något som bara gick igenom rörelser utan att känna.

Hon städade, tvättade, lagade mat och gjorde allt pappa bad om men utan liv, utan glädje. Det var som om jag hade förlorat den mamma jag en gång kände, den mamma som varit min trygghet och värme. Och ingenting blev bättre.

Det blev bara värre.

Övergreppen och våldtäkterna fortsatte och nu vågade jag inte ens tänka på att be mamma om hjälp. Hon hade lovat att hon skulle ringa polisen om pappa gjorde mig illa igen, men jag var för rädd. Rädd för att han skulle döda henne om hon försökte ingripa. Den djupa förhoppningen jag hade, slocknade inom mig, så jag valde i stället att bära all smärta ensam, att stänga av och försöka överleva pappa och hans övergrepp utan att låta någon se vad som egentligen pågick. Jag gömde min sorg och mina tårar för alla andra.

Med tiden lärde jag mig att bygga upp en fasad och låtsas att vara någon jag egentligen inte var.

Skolans Clown

Vi blev äldre och den psykiska och fysiska misshandeln blev allt grövre. Vi var hans marionetter, hans legosoldater och han styrde oss med järnhand. Pappa hade vid flera tillfällen under åren frågat mig om jag ville bli hans nya fru. Varje gång svarade jag honom nej, men hans reaktioner var alltid lika skrämmande.

-Jag vill att du ska bli min nya fru, sa han, med en ton som fick hela rummet att kännas ännu kallare.

-Nej, aldrig i livet, du har mamma! Varför skulle jag vara din fru? Jag är din dotter! Jag kände hur rösten skakade, men jag försökte hålla tillbaka tårarna.

-Jag vill inte ha din mamma, hon är inte min fru, sa han med en kall röst. Du vet att jag alltid har sagt att hon bara är en hushållerska här hemma, en soptunna och en äcklig hora!

Hans hämnd var alltid brutal och jag kände hur varje gång jag sa emot honom bara gjorde mig mer sårbar för hans ilska. Det var som om han trodde att han ägde mig, att han hade rätt att kontrollera allt jag gjorde. Hans svartsjuka blev sjuklig. Han ville veta allt om vem jag pratade med, vem jag umgicks med i skolan, som om ingen annan fick vara nära mig. Det var som att han var besatt av att hålla mig fången, både fysiskt och psykiskt.

Skolan var det som gav mig energi och styrka att klara av timmarna hemma.

Jag bar min mask varje dag – den glada, busiga fasaden som ingen fick genomskåda. Men när jag var ensam var smärtan alltid där, som en tryckande sten som tyngde mitt hjärta.

Det var som om varje dag var en kamp för att hålla ihop de bitar av mig själv som pappa brutit sönder och samtidigt hålla världen på avstånd. Skolan var min räddning, men det var också min fängelsehåla. Jag tvingades bära på en hemlighet som var så tung att jag knappt kunde andas. Och ju mer jag försökte dölja den, desto mer förlorade jag mig själv.

När pappa körde i väg med mig under rasterna, var det en annan verklighet. Han körde mig till olika platser där han förgrep sig på mig i bilens baksäte, hans kontroll över mig var total. Och varje gång han släppte av mig vid skolan, kände jag mig som en förlorad själ som tvingades le för att dölja smärtan. Det fanns stunder där min kropp inte längre kände något. Jag försökte stänga av, försökte hålla mina tankar borta från det som hände när vi var ensamma i bilen. Jag ville bara få det överstökat, för att kunna återvända till en värld där ingen fick veta. När jag gick tillbaka till skolan, var det som att jag bytte ut en roll mot en annan. Jag spelade den roliga, oförstörda clownen som alla tyckte var rolig. Jag var den där som alla älskade att ha med sig i gruppen, men ingen visste vad jag egentligen gick igenom.

Jag höll på med mina dumma upptåg, mina bus så som att "äta kritorna från griffeltavlan" eller att leka att jag var "fröken med pekpinnen i klassrummet" och att "ramla ner från stolar under lektionstid" för att det var så mycket lättare att få alla andra att skratta och må bra. Jag förlorade mig själv i att vara någon annan för att inte känna den enorma smärtan som jag bar på, därför som jag blev skolans clown.

Men bakom allt skratt och bus, var jag bara ett barn som inners inne ville bli sedd, som ville att någon skulle märka att jag behövde hjälp. Jag ville egentligen inte vara den där personen som alla såg upp till för att vara rolig, jag ville vara den som någon faktiskt såg för den jag var – en förlorad själ som kämpade för att överleva.

Jag fortsatte att spela rollerna, fortsatte att vara den där ytliga tjejen som ingen skulle misstänka något om. Men varje gång jag såg på mina klasskamrater, såg jag bara hur mycket jag inte var som dem. Det får mig att tänka på hur vi aldrig fick ha kompisar över till oss, vi fick aldrig bjuda in dem. Vi var alltid rädda för att någon av våra skolkompisar skulle komma hem till oss och knacka på dörren. Om någon gjorde det, visste vi att det bara skulle göra pappa arg.

En gång, när en av min lillebrors kompisar knackade på för att fråga om han kunde komma ut och leka, flög pappa upp från soffan rasande. Han bad min lillebror stänga dörren och ställde honom till svars om varför kompisen kommit förbi. Min lillebror sa att han inte hade bjudit över honom, men pappa trodde inte på honom. Och så började han slå honom, örfil efter örfil, utan att ens lyssna på hans förklaring. Det var som om inget av det lillebror sa ens spelade någon roll.

Vi hade lärt oss att leva med stressen och våldet, instängda i en värld där ingen såg vårt riktiga jag. Jag ville så gärna vara som alla andra, men jag var inte ens nära. Vi fick inte fira födelsedagar eller några högtider. Vi var utestängda från allt som var normalt, från det som alla andra fick uppleva. Skol aktiviteter var något som bara fanns för andra, vi fick aldrig vara med. Och när vi faktiskt lyckades komma i väg på en skolresa eller utflykt, var det aldrig utan ett pris. Vi fick alltid betala för det med hans våld.

Pappa hade fått för sig att han ägde mig. Han såg på mig som sin egendom och hans kontrollbehov var oändligt. Jag var hans att forma, hans att kontrollera och ingen fick komma nära. Jag var hans och han skulle göra allt för att säkerställa att jag förblev just det – hans.

Jag visste om att han var väldigt svartsjuk på mig redan i tidig ålder, när jag fyllde tio år kommer jag ihåg att jag fick ett lås på min klädgarderob som en present – ett sätt för honom att behålla kontrollen över mig,

-Från och med nu är det jag som väljer dina kläder! Du ska inte tro att du kan locka till dig killar i skolan med sättet att klä dig på, sa han och la ner de små nycklarna i sin byxficka.

Han valde ut polotröjor och byxor som var för stora, för lösa. Kläder som skulle dölja min kropp och förhindra att någon kunde se mig som något mer än en liten flicka. Han ville att jag skulle lukta illa, för att säkerställa att ingen kille skulle vilja vara nära mig. För honom var det viktigt att hålla alla på avstånd, inte bara fysiskt, utan han såg till att ingen fick komma nära mig på något sätt. Och ju äldre jag blev, desto svartsjukare blev han.

Jag förstod inte varför han tänkte så. Varför hade han fått för sig att jag skulle vara intresserad av killar? Och varför började han anklaga mig för att ha haft sex med alla i skolan under rasterna? Jag blev rädd, för hans värld var verkligare än min, hans tankar hade en makt som jag inte kunde bryta.

Han var tydlig med varför han hade börjat hämta upp mig på rasterna – han ville ha mig helt för sig själv.

-Jag vet att du är en jävla hora, som ligger med alla killar i skolan, spottade han åt mig. Det är därför som jag måste hämta upp dig och vara med dig på rasterna, annars går du i väg och horar runt, som han uttryckte sig.

Men vad visste jag om vad hora runt betydde? Jag var bara ett barn. Och varje gång han anklagade mig för saker som jag inte förstod, kände jag mig mer förlorad.

Han kallade mig för äcklig, för hora, för ful – gång på gång, under flera år, som om hans ord var en ständig påminnelse om min värdelöshet. Jag hade aldrig gjort det han anklagade mig för, men han fortsatte att tvinga mig att erkänna. Och nu började jag förstå hans psykopatiska tänk – hur han använde sina lögner för att förneka att det var han som utsatte mig för något. Det enda jag visste om var de fruktansvärda och smärtsamma saker han tvingade mig att uthärda, men i hans huvud så var det inte han som utsatte mig för något.

Hans svartsjuka var som en storm som bara blev starkare. Nu hade han även beordrat mina bröder att hålla ett öga på mig under skoltiden. Eftersom vi var nära i åldrarna, gick vi på samma skola.

-Jag vill att ni håller ett öga på Miranda i skolan när jag inte är där, sa han till mina bröder med en arg och befallande ton.

Mina bröder hade inget val. De var tvungna att svara honom, annars skulle örfilarna hagla, en efter en, tills de sa det pappa ville höra.

Vi var tvungna att gå tillsammans till skolan på morgonen och efter skolan väntade vi på varandra för att sedan gå hem – alla vi syskonen tillsammans. Och vi skulle vara hemma exakt klockan fyra. Jag tyckte om när vi alla barn promenerade fram och tillbaka från skolan. Det var en ganska lång bit att gå, så vi sparkade stenar på vägen, lekte jaga eller pratade om hur jobbigt vi hade det hemma. Vi försökte planera hur vi skulle ta oss därifrån, även om vi visste att det bara var drömmar. Men de stunderna, när vi bara var vi, kändes ändå som våra egna små ögonblick av frihet. Vi höll ihop och försökte göra det bästa av varje minut – fram tills vi närmade oss huset och klumpen i magen började växa för vi visste vad som väntade.

Att spionera på mig och hålla vakt var inget som mina bröder ville göra men dom var tvungna att bekräfta pappas tvång för att undvika hans våld.

-Vi gör inte som pappa vill, vi lurar honom till att tro att han får som han vill, att vi ska spionera på dig, men det vet du att vi aldrig skulle göra, sa min storebror.

Jag tittade mot honom och på mina yngre bröder och nickade mot dom och vi alla förstod att vi tänker samma, vi ska inte låta pappa försöka förstöra vår relation. Vi skulle hålla ihop.

Pappa hade fått ett nytt jobb och mamma tvingades stänga ner affärerna. Pappa hade slösat bort alla pengar på sitt drickande och han hade isolerat oss allt mer.

Jag kunde inte förstå det då och jag förstår det fortfarande inte,

Hur kunde pappa vara på min skola under rasterna? Vi såg honom åka till jobbet på morgonen, så hur kunde han hinna åka till skolan, vara med mig i bilen under rasterna och sedan åka tillbaka till sitt jobb? Och reagerade någon på att han ständigt var borta från arbetet?

Varje gång som vi promenerade hem från skolan kände vi hur klumpen i magen blev större och större. När vi klev in och hängde av oss gick vi vidare till mamma, som alltid stod vid spisen i köket. Vi hälsade på henne men sen var vi tvungna att stanna i hallen och vänta på pappa. Vi ställde oss i led och tysta tittade på varandra. Min storebror var den som försökte få oss att skratta, som tvingade oss att glömma, om än bara för en stund, det helvete vi levde i. Hans skämt och fniss var som en kort flykt, en lättnad i en värld som annars var fylld av smärta och rädsla – en flykt som försvann lika snabbt som den kom, men som ändå gav oss något att hålla fast vid.

Så fort vi hörde ytterdörren öppna sig visste vi att vi skulle skärpa oss. Vi ställde oss raka och allvarliga.

Pappa kom in genom dörren. Storebror tog av honom jackan, de yngre bröderna knöt upp hans skor och ställde dem på skohyllan. Jag tog hans väska och ställde mig tillbaka i ledet för att hälsa honom välkommen hem.

-Hur har din dag varit? Var vi alla tvungna att fråga.

Vi ställde alltid samma fråga, varje dag och maten var alltid serverad prick halv fem.

Vi satt vid matbordet och persiennerna var neddragna så att ingen skulle kunna se in, men han skulle kunna se ut. Vi satt där, rädda och åt i tystnad.

Det enda som bröt stillheten var ljudet av besticken som träffade tallrikarna, ett ljud som kändes extra högt i den dämpade tystnaden, blandat med pappas harklande och grymtande, som fick luften att kännas ännu tyngre. När alla var klara med maten, började hans förhör.

-Vad har ni gjort i skolan idag? Hans röst var kall och ogenomtränglig och hans blick var som en isstorm som försökte tränga in i våra själar.

Vi visste att vi var tvungna att vara försiktiga med vad vi sa. Han vände sig till mina bröder,

-Har ni haft koll på Miranda under skoldagen? Vem har hon pratat med? Vem har hon umgåtts med?

Och mina bröder svarade, som om de inte hade något val,

-Hon har bara varit med sina tjejkompisar, det har inte varit någon kille i närheten av henne, sa min storebror. Och på lunchen satt hon tillsammans med samma tjejer inga killar, avslutade min lillebror.

Det var så våra dagar efter skolan såg ut – en grå rutin där vi var fångade i hans grepp och bara fick följa hans order. Vi gick igenom varje dag utan att ha något att säga till om, bara existerade i hans värld. Dagarna var fyllda av tystnad och spänning, där varje steg vi tog var en balansakt mellan att hålla oss lugna och inte visa för mycket när vi svarade pappa.

Vi levde i skuggan av något vi inte kunde fly ifrån och vi bar på den tunga hemligheten som ständigt tryckte ner oss.

Men som jag skrev tidigare, mitt i all förtvivlan var det också de små stunderna – som när storebror fick oss att skratta, eller när vi på något sätt klarade av att hålla oss samman, trots allt. De där ögonblicken var som ljusglimtar som försvann lika snabbt som de kom, men de var ändå något att hålla fast vid, något som gav oss förmågan att orka vidare.

Helgerna

Ibland på helgerna brukade han ta ut oss på långa promenader genom djupa, tysta skogar, bortom Vita Sannar. Vita Sannar var ett vackert bad- och campingområde, en plats där familjer samlades för att leka och bada. Men vi fick aldrig vara där. I stället vandrade vi, som alltid, i tystnad genom skogen, på led bakom honom. Först mamma, sedan storebror, jag och längst bak mina yngre bröder. Han hade alltid med sig en morakniv. Under hela promenaden hotade han oss och sa att han skulle göra så att vi försvann i skogen och att ingen skulle märka att vi var borta. Vi gick längre och längre in och varje steg kändes som om vi förlorade en bit av vår egen säkerhet.

Jag började på riktigt tro att vi aldrig skulle komma ut därifrån, att han skulle göra vad han hade planerat. Det var då, när vi var längst inne i skogen, som jag för första gången förstod att vi kanske skulle dö där tillsammans – han skulle gräva ner oss i den mörka jorden och vi skulle försvinna för alltid.

-Här ute i skogen hör ingen er, sa pappa, hans röst kall och hård. Marken ni står på... det är där ni kommer att ligga!

Hans mörka ögon var fyllda av hat. Han svingade morakniven mot oss och ett ilande ljud fyllde luften. Jag kände hur hjärtat bultade hårt i bröstet och en kall, bitande rädsla grep tag om mig. Varje sekund kändes som en evighet.

När pappa var klar med sitt hot och visade oss platsen där han tänkte begrava oss, vände vi oss utan ett ord och började gå hemåt i led bakom honom. Men känslan – den kyliga, obevekliga känslan – släppte aldrig. Om han hade dödat oss där och då, skulle ingen någonsin få veta vilket helvete vi levt i – ingen skulle förstå vad vi hade genomlidit.

Andra gånger brukade han ta med oss till Håverud, där skulle vi vara med honom hela dagen och se på medan han fiskade. Han brydde sig inte om att ta med sig vatten eller något vi barn kunde äta på under tiden, jag kommer ihåg hur hungriga vi var och törstiga. Han själv hade ölburkar och cigarretter.

Mamma var den som försökte få oss att tänka på något annat. Hon gick några meter bort från oss på grusvägen, vidare mot en lekpark.

-Där kan ni gunga och leka i sanden, sa hon lågt så att pappa inte skulle höra, innan hon långsamt gick därifrån.

Vi hoppades på att pappa skulle få fisk, för då visste vi att han åtminstone skulle vara på lite bättre humör och för en stund skulle vi kunna andas ut. Att följa med honom och fiska var något han använde som ett bevis på att han "hittade på saker med oss", något han sedan skröt om för sina vänner, som om det skulle göra honom till en bättre far.

Jag kommer så väl ihåg en av gångerna han tog med oss för att fiska. Det var tidig vår och vinden var kylig. Vi hade jackor på oss, men min storebror tyckte att det blev för varmt ute och tog av sig sin. När vi senare på eftermiddagen skulle gå till bilen och pappa frågade efter jackan, kunde vi inte hitta den. Vi blev tvungna att leta genom hela Håverud, vi gick och gick och gick, men vi kunde inte hitta storebrors jacka. Pappa blev vansinnig och började svära åt storebror och hota honom. Till slut när det började bli kväll och vi inte kunde hitta jackan sa pappa att vi skulle gå och sätta oss i bilen. Under hela bilfärden hem vrålade han och varje ord kändes som en fysiskt smärtsam stöt mot oss. Jag satt där, tyst, utan att våga säga ett ord, men jag ville bara skrika för att få honom att sluta. När vi väl kom hem glömmer jag aldrig den brutala bestraffning min storebror fick för att han råkat tappa bort sin jacka.

41

Jag kände mig hjälplös, som om jag inte kunde göra något för att stoppa det och jag önskade att jag kunde ta hans plats i stället för att se honom lida så.

Och sen fanns det andra helger där pappa brukade bjuda över sina vänner för att umgås och dricka tillsammans. Då var jag och mamma tvungna att servera dem massor av godsaker, alltid nervösa för att vi skulle göra något fel. Vi dukade fram maträtter på bordet, men det kändes som om vi aldrig riktigt kunde göra tillräckligt – vi var hela tiden på språng, ständigt beredda att snabbt fylla på eller rätta till något.

Jag hjälpte mamma att ordna allt och vi var där för att slava för pappa och hans vänner. Deras skratt och prat fyllde rummet, men vi var inte en del av det. Pappa förnedrade oss framför sina vänner genom att kalla oss för glåpord och skröt om att han hade 'pli' på oss. Pappas vänner bara skrattade och utnyttjade situationen för att också använda oss som deras slavar och pappa brydde sig inte det minsta. Jag kände alltid en oro i magen, som om vi hela tiden var på väg att bli påkomna med att inte göra något perfekt. Jag längtade efter att hans vänner skulle åka hem så att vi äntligen skulle få slippa det ständiga serverandet och den obehagliga känslan av att vara fast i deras vilja.

Men det var inte alltid så att pappas vänner åkte hem direkt. Efter all drickande blev de så berusade att de till slut somnade i soffan, alla tillsammans. Jag minns att jag och mamma ibland flinade åt hur konstiga de såg ut, där de satt lutade mot varandra, helt utmattade. Då, för en stund, kunde vi pusta ut.

Jag såg min chans och smög i väg till vår koja, den koja som jag och mina bröder hade byggt i hemlighet, i en skog nära vårt hem. Kojan var vår fristad, en plats där vi kunde vara oss själva, utan att något av det jobbiga nådde oss.

Mina bröder väntade där och tillsammans hjälptes vi åt att spika fast gamla plankor vi hade hittat. Kojan var inte bara ett gömställe – den var vår flykt, vårt sätt att hålla ihop och vara fria för en stund, bortom alla förväntningar och krav vi hade hemma. Jag minns de gångerna vi fick chansen att gå ut till vår koja. Trots allt lidande och mörker omkring oss, var det så roligt och vi var så stolta över det vi hade byggt tillsammans. Den gemenskapen – jag och mina bröder – var vårt sätt att kämpa oss igenom helvetet vi levde i. Vi hittade ljus mitt i allt det mörka och de minnena, av att vara tillsammans, är något jag alltid bär med mig och håller varmt i hjärtat.

Där ute i vår koja var vi, tills mamma kom ut och ropade in oss, när pappa började vakna till…

Kläderna

Dagar blev till veckor och veckor till år. Tre år hade passerat nu sedan han först började binda fast mig i sängen, slå mig och försöka kväva mig. Jag hade fyllt fjorton år och plågorna jag genomgick var inte längre något som hände ibland – de var något som var en del av min vardag. Var och varannan dag tvingades jag utstå hans tortyr. Och nu hade han gjort andra kablar, den ena hårdare än den andra. Pappa hade till och med fäst ett handtag på kablarna, så att han inte skulle tappa dem när han slog mig. Ibland, när han slog under mina fötter så kraftigt, hände det att han tappade kabeln ur handen och då var det som om han behövde ha full kontroll för att inte tappa sin makt över situationen, därav handtagen.

Det var inte bara den fysiska smärtan som brände i min kropp, den psykiska förtvivlan var ännu värre. Jag kände mig som en skugga av mig själv, förlorad och förtvivlad. Vi vågade aldrig säga emot pappa eller trotsa honom. Ibland kändes det som det enda sättet att hålla oss själva och varandra säkra var att bara lyda, även om det bröt oss inifrån. De kläder pappa valde som jag skulle ha på mig, var sådana han själv köpt.

Jag minns det så väl, när jag var mellan 12–14 års åldern och pappa brukade ta med oss till den stora butiken, Bloms klädvaruhus och vi klev in i den stora, öppna lokalen. Där fanns kläder och skor i alla tänkbara färger, modeller och storlekar – för herrar, damer, barn och äldre. Luften var fylld av doften av nya textilier och skinn och bland kläderna fanns också hyllor med godsaker och småprylar som gnistrade i skyltfönstren.

Pappa gick mot klädsnurrorna, vi gick alltid i rad bakom honom, nervösa och osäkra på om vi betedde oss tillräckligt bra, han drog fram en tröja – en som jag tyckte var jätteful. Ibland tittade han mot oss för att se om vi skötte oss, innan han fortsatte vidare bland kläderna som hängde där. Ljudet av galgarna när han ryckte dem fram och tillbaka för att hitta det han sökte efter ekade i hela butiken och varje gång kändes det som en påminnelse om att vi var där för att passa in i hans värld. Han frågade inte oss om kläderna utan han gick där och plockade på sig en mängd i hans arm. Tröjor och byxor till mig, mamma och mina bröder.

Jag minns hur jag och mina bröder i smyg, bakom pappas rygg, brukade busa när han var upptagen med att leta efter storlekar. Vi lekte med kläderna, låtsades härma varandra och skrattade tyst, men så fort pappa vände sig om ställde vi oss snabbt i rad och försökte se seriösa ut. Mamma stod där, osäker och tyst, med blicken som flackade mellan oss och godsakerna. Jag såg på hennes ansikte, på hur hon tvekade, som om hon ville ge oss något, men visste att hon inte fick. Hennes ögon avslöjade en längtan, men vi visste att hon, precis som vi, var tvungen att göra som pappa sa. Hon hade ingen frihet att ge oss något, inte ens om hon ville.

När pappa var klar med att titta på kläder och började leta efter skor till oss, stannade han vid ett par lila skinnstövlar med klack. Han tittade på dem en stund och sedan på mig, innan han tog upp dem och sa,

-Sådana här vill jag att min fru ska ha. Du kommer att vara fin i dem!

Hans röst var säker, som alltid och hans blick fick mig att känna mig obekväm.

Inom mig tänkte jag, Vad menade han med det? Är de där fula skorna till mig?

Jag och mina bröder gick där bland alla kläder vi önskade oss, de vi ville ha, inte de som pappa ville att vi skulle ha på oss. Det var jobbigt för oss alla. Hans val av kläder var aldrig något vi gillade och vi tvingades gå till skolan i dem. Mina bröder sa att de hatade kläderna, de var oroliga för att bli retade. Vi kände oss utanför, men vi hade inget att säga till om.

När pappa var klar med att handla, fick vi höra hela bilfärden hem om hur mycket pengar han hade spenderat på oss och att vi var så odugliga och otacksamma. Hans ord var som en konstant anklagelse, men det var ju hans idé att vi skulle åka och handla från början...

Och när vi väl kom hem bjöd pappa över sina vänner och skröt för dom om allt han hade köpt till oss. Han tvingade oss att prova alla kläder och skor och fick oss stå där som modeller framför hans vänner, som såg på honom med beundran och tyckte att han var så ansvarsfull och snäll som hade köpt nya kläder till oss. Vi kände oss som dockor, tvungna att visa upp oss för att bekräfta pappa. Kläderna pappa hade valt ut till mig var inte från barnavdelningen eller ens i rätt storlek.

Dagen efter, på morgonen, hade pappa lagt fram mina kläder som vanligt, men nu ville han att jag skulle ha på mig de lila skinnfärgade stövlarna. Jag kände en stark motvilja – det var så jobbigt, för de var inte barnskor, de var skor för en vuxen kvinna, som min mamma. Nu var det som att pappa ville att jag skulle se äldre ut än vad jag var. Han valde vuxna kvinnokläder som inte alls passade mig och det fick mig att tänka på mitt hår – hur han alltid ville att det skulle vara utsläppt och axellångt, som om han inte ville att jag skulle vara ett barn längre.

Det var så annorlunda från när jag var yngre, då ville han att jag skulle gömma min kropp under stora kläder och se så liten ut som möjligt.

Pappa hade vaknat och väntade på att vi skulle klä på oss,

-Idag ska jag köra er till skolan, sa han till oss med en bestämd ton.

Att köra oss till skolan var någon pappa gjorde väldigt sällan. Men just den dagen gjorde han det för att han ville säga något till mig innan jag klev ut ur bilen,

-Du ser ut som en vuxen, mogen kvinna i dina nya kläder och skor. Det gillar jag!

Sättet han sa det på och sättet han tittade på mig var så obehagligt och äckligt.

Men jag klev ur bilen och började långsamt gå mot skolan. Jag skämdes så mycket och ville inte synas i de vuxna kläderna och skorna som var så fula att de skulle få mig att sticka ut. När jag kom innanför skoldörrarna såg jag hur alla elevers ögon stirrade på mig.

Jag försökte ignorera deras blickar, men det var svårt. Jag gick fram till mina närmaste vänner och började snabbt skämta bort mina kläder och skor,

-Haha, jag kände för att ha på mig mammas kläder och skor idag eftersom alla mina kläder låg i tvätten... hahaha, sa jag, men det kändes inte som ett skämt. Jag ville bara att de inte skulle lägga märke till det.

Mina vänner ifrågasatte ingenting, utan sa i stället,

-Sjysta skor!

Jag blev lättad och sedan gick vi in till klassrummet.

Han får som han vill

En annan händelse som för alltid lämnat både en doft och smak djupt inom mig, en upplevelse som inte går att ta bort, är kopplad till öl.

Det var en morgon när vi alla förberedde oss för att gå till skolan. Jag minns hur vi trängdes i hallen, med ryggsäckarna på, när vi såg pappa stå vid köksbänken och framför honom stod en ölburk. Jag minns lukten som slog emot mig direkt – en tung, syrlig doft som fyllde hela köket och genomsyrade luften. Ölen, den där kalla burken som alltid fanns där i skuggorna av vårt liv, blev plötsligt mer närvarande än någonsin.

-Vänta, ni får komma in till köket, sa han med en kall befallande ton.

Jag och mina bröder kastade nervösa blickar mot varandra. Vi visste att något var på gång, men vi visste också att vi inte hade något val. Tysta, utan att säga ett ord, gick vi in till köket och ställde oss där, väntande på vad som nu skulle hända.

-Jag vill att Miranda sveper den här ölen innan hon går till skolan, sa han och pekade på mig samtidigt som han tog i ölburken och började gå med den mot mig.

En iskall känsla spred sig genom mig. Jag ville inte göra det. Jag ville skrika och säga nej, men hans blick, så kall och förhärdad, talade om för mig att inget av det skulle spela någon roll. Jag hade inget val.

Han vände sig mot mina bröder och sa med en ton av bestämdhet,

-Från och med nu ska hon dricka en burk öl innan hon går till skolan. Och det blir ert ansvar att se till så att Miranda har druckit upp hela när jag inte är hemma på morgonen, är det uppfattat?

Mina bröder tittade på mig med blicken i ögonen, som om de ville säga att de inte ville vara med på det här, men att de bara sa ja till pappa för att inte göra honom arg.

-Svara mig! sa han med en arg ton.

-Ja, vi ska se till att hon dricker en burk... svarade mina bröder.

Jag tänkte att det nog var bäst att få det överstökat, innan det eskalerade till något ännu värre. Jag ville verkligen gå till skolan, så jag visste att jag inte hade något val. Jag tog burken och den starka lukten av ölen slog emot mig direkt. Jag försökte ignorera det, men jag kunde inte svepa den snabbt.

I stället tvingade jag i mig en klunk i taget, medan jag kämpade för att stänga ute den bittra smaken.

Han stod där, oföränderlig och stirrade på mig utan att säga något. Jag vet inte riktigt vad hans syfte var med det, men det var som om han ville att jag skulle känna mig liten, kanske ännu mer maktlös. Jag kände hur hela min kropp protesterade, men jag drack upp ölen, klunk för klunk, tills burken var tom. Och sen, när jag var klar, sa han bara,

- Nu får ni gå till skolan!

Jag började känna mig konstig, som om något var fel i hela min kropp. Men trots allt försökte jag hålla mig stående, att inte visa någon svaghet. Jag skulle klara av det här också, tänkte jag.

Det var som om världen snurrade och jag kunde känna hur min kontroll började glida bort. Jag kämpade emot, för jag hade inget annat val än att fortsätta.

Men som tur var slapp jag någonsin behöva dricka en burk öl när pappa inte var hemma.

-Vi öppnar den och häller ut den i vasken, sa min storebror. Och så säger vi att du har druckit upp den.

Han verkade alltid så stolt över sig själv, för han var vår beskyddare, den som alltid kunde lura pappa och hitta sätt som gjorde att jag slapp göra det pappa tvingade mig till.

Det kändes så skönt att mina bröder aldrig tvingade mig till något, att de alltid fanns där för att skydda mig, även om jag visste vilka risker det kunde innebära för dem. Det var som om vi hade en osynlig pakt mellan oss – en förståelse av att vi alltid skulle stå upp för varandra, oavsett vad.

Varje gång jag trott att jag hade nått botten, varje gång jag trott att det inte kunde bli värre, överraskade pappa mig med något ännu mer grymt och perverst. Och medan jag långsamt tappade förmågan att känna mig hel, började jag tvivla på om jag någonsin skulle kunna bryta mig fri.

Hade jag ens någon chans att få komma ur detta mörker?

Men trots allt, trots hur mycket han bröt ner mig, trots att jag trodde jag var nära att förlora mig själv, fanns det ett svagt ljus i mig som vägrade slockna. En flik av hopp som jag kämpade för att hålla vid liv, trots att varje dag kändes som en kamp bara för att överleva. Jag försökte hålla ihop, försökte hålla ut, även när jag inte visste hur jag skulle orka längre.

Det var nu som jag började tänka att om han får som han vill, om jag går med på att bli hans "fru", kanske allt skulle förändras. Kanske skulle det vara en väg ut ur den här mardrömmen. Kanske skulle han sluta plåga mig, min mamma och mina bröder. Kanske skulle det bli bättre för oss alla om jag bara lyssnade på pappa och gjorde som han ville. Men varje gång tanken slog mig, väcktes en ny rädsla inom mig.

Vad skulle egentligen förändras? Skulle han någonsin sluta?

Jag förstod på ett sätt att det inte fanns någon räddning.

Men jag var så trött, så trött på att kämpa, så trött på att vara fångad i min egen kropp. Jag ville tro att jag skulle kunna få ett slut på allt det här. Så jag gick med på det till slut.

Han får som han vill. Han hade vunnit över mig.

Han satt där igen, vid sängkanten i mitt rum, röd i ansiktet och svettig. Cigaretten mellan fingrarna glödde intensivt och varje bloss han tog fyllde rummet med en tung, kvävande lukt.

Hans ögon var heta av ilska när han vände blicken mot mig. Tystnaden var lång, men så kom frågan igen, som ett hot hängande i luften,

-Så vad säger du, vill du bli min fru!?

-Ja! Men på ett enda villkor, sa jag, med rösten darrande men ändå bestämd.

Jag mötte hans ilskna, svarta blick när han satt där som en hungrig varg redo att slå till.

Jag kände hans närvaro, hans hotfulla energi, men jag var tvungen att säga det,

-Bara om du lovar att du aldrig mer slår mamma eller mina bröder!? För om du gör det, då kommer jag inte vara din fru längre.

Det blev tyst i rummet en stund. Hans ögon, som förut brann av ilska, förändrades. Förvåning och något som liknade tvekan började lysa i hans blick.

Hans knytnäve, som tidigare var beredd att slå, sänktes långsamt. Jag visste att mitt svar kanske skulle vara det enda som höll honom tillbaka.

-Jag lovar dig, sa han till slut, men hans ord kändes tomma.

Jag visste inte om han menade dem, eller om han bara sa det för att få mig att vara tyst.

Han reste sig långsamt från min säng och gick ut från mitt rum. Jag satt kvar, förlamad, med en chock som fortfarande pulserade genom hela kroppen.

Allt hade alltid varit så mycket värre tidigare – han hade börjat binda fast mig, tortera mig – men nu, utan ett ord, gick han bara ut från mitt rum. Det var som om jag inte riktigt förstod vad som just hade hänt.

Jag kände en djup avsky mot mig själv, en känsla av att jag hade svikit min mamma på det allra värsta sättet. Men jag ville så gärna hjälpa mamma och mina bröder. Vad som än krävdes för att skydda dem, var jag beredd att göra det.

För nu, åtminstone, skulle de inte behöva bli slagna längre. Jag skulle göra allt i min makt för att få honom att lämna dem ifred.

Om detta var den enda vägen att stoppa hans våld, så var jag beredd att gå den, oavsett vilka förfärliga beslut det innebar.

Jag blev min pappas fru när jag var fjorton år.

Till en början var det en väldigt märklig känsla att se pappa le och vara vänlig. Hans beteende var så olikt det vi varit vana vid att jag nästan inte visste vad jag skulle tro. Det kändes som om någon annan hade tagit hans plats och jag kunde inte riktigt förstå vad som hände. Han började ta med oss på långa bilturer, längs krokiga vägar med stora gupp som fick oss att skratta och känna hur hjärtat rusade av spänning. I bilen sjöng vi med till de låtar som spelades och jag satt där i baksätet, tittade ut genom fönstret och såg solens strålar leka genom trädgrenarna.

För första gången på länge kände jag något som liknade glädje – en känsla av att nu var allt bra igen.

Pappa var inte arg. Han fick oss att känna oss fria, som om vi kunde andas utan att någon satte gränser för oss. Det fanns inga krav, ingen kontroll – förutom att han fortfarande valde mina kläder. Men trots det, var det ändå frid. Våldet, som jag hade förväntat mig, fanns inte där – och plötsligt insåg jag att det redan hade gått några veckor sedan jag sa det han ville höra.

Vi stannade vid en pizzeria och han bjöd oss på mat. Vi fick välja läsk och sitta tillsammans vid bordet. Jag såg på mamma och mina bröder när de skrattade, åt sina pizzabitar och pratade om allt mellan himmel och jord. Det var en sådan enkel, vanlig stund, men för mig var den fylld av något så ovanligt och efterlängtat.

Det var som om vi var en familj igen, som vi borde ha varit. I de där ögonblicken kände jag värme sprida sig i kroppen, som om livet för en kort stund var tillbaka på rätt spår. Och jag kände, för första gången på länge, att vi kanske ändå skulle kunna få en framtid fylld med lycka. Att tänka tillbaka på det här minnet, när jag såg mamma och mina bröder glada och för en kort stund få känna att vi var fria, betyder fortfarande mycket för mig. Det är ett minne som stannat kvar.

Men den där känslan varade inte länge. Som jag innerst inne misstänkte, var det bara ännu ett spel från hans sida. När vi kom hem den dagen gick han in i vardagsrummet och satte sig i den gamla, bruna fåtöljen. Han ropade på mig och med en röst som gjorde mig kall inombords, bad han mig komma fram och sätta mig på hans knä.

-Du känns inte som min fru när du aldrig självmant kommer fram till mig och håller min hand eller kramar mig, sa han med en ton som var både krävande och kylig.

Jag satt där stel och bara stirrade på honom, oförmögen att svara. Jag visste inte vad jag skulle säga. Jag ville inte vara nära honom, men hans grepp var hårt och han höll fast mig på sitt knä. Mamma och mina bröder började snart märka att något var fel. De gick omkring i huset, nervösa och rädda, som om de själva kände på sig vad som var på väg att hända. Jag såg det i deras ögon – en fruktan som inte gick att dölja. Hans ögon, de ilskna svarta ögonen, var tillbaka. Hans kroppsspråk var aggressivt, och jag kunde känna hans fysiska närvaro som en tryckande kraft i rummet.

-Du ska börja bete dig som min fru, annars kommer jag att bryta vårt löfte, skrek han och jag kunde nästan känna hans röst slå mot mig som ett slag.

Hela min kropp frös till is och jag kände en kall klump växa inom mig. Jag visste att det han krävde av mig var något jag aldrig skulle kunna ge honom, inte på riktigt. För hur mycket jag än försökte tvinga mig själv att krama honom eller hålla hans hand, så var det en gräns jag aldrig skulle kunna överskrida. Jag tyckte att han var äcklig, en mörk känsla som ekade genom varje fiber i min kropp. Jag ville bort, jag ville skrika, men jag satt fast, fångad i hans grepp och i den verklighet han tvingade på mig.

56

Han är inte nöjd längre med att jag bara sa att jag var hans fru, han ville ha mer och jag kunde inte ge honom det.

Dagarna gick och jag vägrade att sätta mig bredvid honom vid matbordet eller i soffan. Jag vägrade att gå fram och krama om honom eller hålla hans hand. Jag vägrade att sova i samma säng. Varje gång han försökte få mig närmare, kände jag hur varje fiber i min kropp strävade emot. Det var som om jag var fast i ett fängelse av hans krav och mina egna gränser.

Det var inte bara en handling av motstånd, utan en djup, inre kamp för att behålla något av min egen värdighet, min egen plats. Jag kunde inte och skulle aldrig kunna, acceptera det han krävde av mig.

Hans ilska var omöjlig att undvika. När han blev arg på mig, lät han det alltid gå ut över mig och jag visste att inget jag gjorde skulle vara nog för att lugna honom.

Modet

Det blev också allt svårare att undvika hans närvaro i skolan. En dag satt jag och åt lunch med mina klasskamrater när en av dem, på väg förbi, sa något som fick mitt hjärta att stanna,

"Miranda, din pappa står vid dörren."

Maten fastnade som en klump i halsen och jag kämpade med att svälja. Jag vände mig långsamt mot dörröppningen och där stod han. Hans ansikte var rödblommigt av ilska och hans ögon var fyllda av vrede. Han pekade på mig med sitt pekfinger och gestikulerade att jag skulle komma till honom. Jag kände en kall klump av rädsla stiga upp inom mig, men jag reste mig ändå. Jag sa till mina klasskamrater, som såg på mig med förvirrade blickar,

-Jag kommer snart…

Och så lämnade jag min mat och min bricka på bordet, jag kände mig plötsligt väldigt ensam i rummet fullt av människor, medan jag gick mot dörren och mot honom.

Jag tittade på honom, min röst skakade när jag sa,

-Hej, vad är det? Har det hänt något?

Han svarade inte på min fråga. I stället grep han tag i min arm och drog mig bort från matsalen, ut i skolkorridoren.

-Jag är här för att du ska veta att jag alltid har ögonen på dig, sa han med en röst fylld av ilska.

Jag kände hur mitt hjärta bultade i bröstet när han fortsatte,

-Jag vill att du hämtar hit alla killar som du ligger med här i skolan, för jag ska visa dom vem som äger dig!

Jag kände hur paniken började stiga inom mig, men det var inte slut där. Han öppnade sin jacka och jag såg att på insidan bar han på en stor fiskkniv, som han menade att han skulle använda. Jag frös till is, mitt hjärta slog hårt i bröstet och en skrämmande känsla av hjälplöshet spred sig genom hela mig.

-Det finns inga killar, sa jag, min röst skakade men jag var fast besluten att säga emot. Det är bara du som hittar på allt och du försöker skylla på mig och på alla andra killar här i skolan när du vet om att det är du själv som utsätter mig för övergreppen!

Jag kände en våg av mod och styrka, något jag aldrig trott skulle komma från mig. Jag kunde inte förstå varifrån det kom, men jag visste att jag var tvungen att säga ifrån, att inte vara tyst längre. Det var svårt att förstå, men jag ville inte vara hans offer längre. Jag ville inte vara tyst.

Samtidigt kände jag en skam över att mina klasskamrater hade sett honom vid matsalen. Det var så pinsamt och det fyllde mig med en ilska som jag inte riktigt visste hur jag skulle hantera. Hans ansiktsuttryck är något jag fortfarande minns från den stunden. Hans ögon var fyllda av raseri och hans ansikte blev ännu rödare. Jag kunde se pulsådran bulta vid hans tinning.

-Du ska få se när du kommer hem, svarade han, med en hotfull röst.

Sedan vände han sig om och gick därifrån med tunga, arga steg. Jag stod kvar, med hjärtat bultande i bröstet och såg honom försvinna bort i korridoren.

Vad har jag gjort nu, tänkte jag för mig själv, medan jag stod kvar och försökte samla mig.

Med tunga steg gick jag tillbaka in till matsalen och försökte låtsas som ingenting.

Men när jag satte mig vid bordet såg jag på min kalla mat. Jag hade ingen aptit längre och hela min kropp kändes tung av oro och rädsla.

Jag såg på mina klasskamrater och märkte hur deras blickar snabbt flackade mellan mig och varandra. Det var som om de alla hade något de ville säga, något de ville fråga, men ingen vågade bryta tystnaden.

Hade de börjat misstänka något? Hade de börjat ana något om vad som egentligen hände hemma?

Tankarna snurrade i mitt huvud. Deras blickar, tveksamma och fyllda med oro, fick mig att undra om de såg något jag inte ville att de skulle se. Kanske hade de börjat lägga ihop bitarna, kanske hade de märkt att något inte stämde, men jag var för rädd för att fråga. Jag ville inte höra vad de trodde, för jag visste att om de verkligen förstod skulle inget vara sig likt igen. Jag bröt tystnaden med ett skämt, försökte lätta på stämningen och få dem att skratta.

Jag började göra något lite galet, något som skulle få oss att släppa på all oro, åtminstone för en stund. Clownen i mig kom fram och skrattet kändes krystat, nästan som om jag var utanför mig själv, men jag visste att om jag kunde få dem att skratta skulle det kanske hålla deras frågor på avstånd. Jag ville inte att de skulle börja ana något, inte nu.

Den dagen vågade jag verkligen inte gå hem. En skrämmande känsla av panik växte inom mig ju närmare slutet av skoldagen kom. Varje sekund kändes tyngre och jag började känna hur min kropp reagerade på stressen. Jag ville inte att den här skoldagen skulle ta slut – för då skulle jag vara tvungen att möta det som väntade hemma. Allt jag önskade var att kunna fly från stunden, från den skrämmande verkligheten.

Jag stod där och väntade på mina bröder utanför skolan och när de äntligen kom fram såg de direkt att något var allvarligt fel. Jag grät okontrollerat och deras blickar fylldes med oro. Jag berättade för dem om vad som hade hänt, om pappa och hur jag hade sagt emot honom. Jag var så tårfylld att varje ord kändes som att det skulle kväva mig.

Hela promenaden hem sparkade vi på små stenar och löv medan vi pratade om vad vi skulle göra, men det kändes som att vi pratade i cirklar. Det var som om vi inte kunde hitta något sätt att förbereda oss på det som väntade, som om ingen beredskap egentligen var tillräcklig.

-Jag tycker att du är stark och modig som vågade säga ifrån till pappa, sa min storebror och lade sin hand på min axel. Hans beröring kändes som ett löfte om att han skulle finnas där för mig, att vi skulle hålla ihop.

Men ju närmare vi kom huset, desto tyngre kändes luften. Mitt hjärta slog så snabbt att det kändes som om det ville hoppa ur bröstet på mig. Jag kunde höra varje andetag, känna varje steg som om vi närmade oss vårt eget slut. Jag ville inte gå hem, men vi hade inget val.

Vi klev in genom dörren och började ta av oss våra skor, ytterkläder och släppte våra väskor på golvet.

När vi gick mot köket för att hälsa på mamma, förväntade vi oss att hitta henne där som vanligt, vid spisen, där hon brukade stå. Men den här gången var allt annorlunda.

Det var då vi såg henne. Mamma kom emot oss, hukad, haltande, med huvudet sänkt, som om hon försökte försvinna in i sig själv. Hon ville inte möta våra blickar och när hon snabbt hälsade på oss och gick vidare mot köket, var det som om hela huset tystnade. Vi stod där, förlorade i våra egna tankar, förvirrade och fyllda av rädsla.

Det var som om mitt hjärta stannade. En kall känsla spred sig genom mig, som om världen omkring mig förlorade all sin färg och värme.

Han hade lovat. Han hade lovat att han aldrig mer skulle slå mamma. Men nu såg vi vad som hade hänt. Han hade brutit sitt löfte. Han hade gjort det igen.

Jag tittade på mamma, såg smärtan i hennes gång, i hur hon försökte undvika oss, som om hon inte ville att vi skulle se henne så här. Jag kände mig så maktlös.

Vad skulle vi göra? Vad kunde vi göra för att stoppa det här?

Det var mitt fel igen, tänkte jag.

Inombords skrek jag, men vi sa ingenting.

Vi stod där, tysta, för att vad kunde vi säga? Vad fanns det för ord när vi visste att vi inte kunde rädda henne från det som redan hänt? Ilskan bubblade inom mig, som en eld som växte för varje sekund. Jag kände att det var dags, att jag inte längre kunde stå ut med att hålla allt inom mig. Jag skulle konfrontera pappa. Han skulle få höra allt jag hade burit på i sju år. Det var som om rädslan hade försvunnit.

Nu var det bara ren, blodig ilska kvar. Det var inte bara smärtan längre, utan en känsla av att jag hade fått nog.

Jag var så arg att jag nästan ville skrika, men jag höll tillbaka. För nu, när klockan skulle slå fyra, skulle jag stå där. Jag skulle stå upp för oss alla och be pappa att sluta med våldet.

Jag tittade på mamma och mina bröder och med en beslutsam blick sa jag,

-Nu är det dags. Jag ska en gång för alla uttrycka all min vrede mot pappa, mot allt han har gjort mot oss och be honom sluta!

Jag såg på mamma, hennes blåslagna ansikte var fylld av både oro och hopp. Mina bröder, de såg på mig med en blandning av förvåning och kanske lite rädsla, men också en tyst förståelse – de visste vad jag menade.

-Är det verkligen en bra idé? sa min storebror och jag såg hur oron var tydlig i hans blick.

Men jag var inte rädd längre. Jag var inte den flicka som varit tyst, inte den som låtit honom forma våra liv. Jag var redo. Klar för att stå upp för oss alla, för mig själv.

Klockan slog fyra, men nyckeln vred sig inte. Jag stod där, blickandes på dörren och för varje minut som gick växte min oro. Vi hade inte ställt oss på led i hallen längre, inte som vi brukade göra. Jag hade bett mamma och mina bröder att sätta sig i vardagsrummet – den här gången var det bara jag som skulle stå och vänta på honom.

Men tiden gick och dörren förblev stängd. Klockan slog kvart över fyra och jag började känna en kall, oroande känsla sprida sig genom kroppen. Varför kom han inte? Jag gick in till vardagsrummet och såg på mamma och mina bröder.

Vi sa inget, men vi förstod. Det var som om vi alla visste att något inte var rätt.

Klockan tickade vidare – fem, sex, sju, åtta... och pappa var fortfarande inte hemma. Jag började förstå att det här inte var en vanlig försening. Något var annorlunda, något vi inte kunde förklara. En isande känsla av osäkerhet växte inom mig.

Vad hade hänt? Varför var han inte här? Och var han ens på väg hem?

Det var som om vi var fast i en väntan på något vi inte kunde förutse. Vi satt där i soffan, jag, mamma och mina bröder och pratade om hur skönt det skulle vara om vi inte hade pappa hemma. Hur mycket lugnare allt skulle kännas, hur mycket mer frihet vi skulle ha och hur mycket bättre livet hade varit.

-Det skulle vara så mycket bättre om det bara var vi, sa jag och de andra nickade tyst.

Min yngre bror sa, nästan på skämt men med en underlig allvarlig underton,

-Jag hoppas att han har dött i en bilolycka...

Jag kände en kall rysning när jag hörde orden. Vi alla visste att det var fel att säga så, men på något sätt kändes det som den enda lösningen för att få bort den rädsla och förnedring som vi levde med. Tanken på att vara fria, utan hans kontroll och våld, var en stark önskan. Men just när vi började känna en lättnad, när vi började njuta av att vara själva, så hördes det plötsligt ett ljud – nyckeln som vrids om i ytterdörren.

Alla tystnade på en gång.

Det var pappa. Och hela luften i rummet stelnade. Vi tittade på varandra med orolig känsla.

Han klev in, tog av sig ytterkläderna och vi hörde hans tunga steg när han närmade sig mot oss. Vi satt kvar i soffan och vi ville inte förflytta oss en bit från mamma. Han skulle få se att vi håller ihop oavsett vad.

Pappa ställde sig framför oss, mitt emot soffbordet och stirrade på oss med sina rödbrända ögon. Hans ansikte var utmattat och slitet och en kraftig lukt av alkohol fyllde rummet.

-Miranda! sa han med en kall röst och pekade mot mig. Du går in i det stora sovrummet!

Mamma och mina bröder såg på honom med oro i blickarna.

-Varför? Vad ska du göra med henne? frågade de, men han svarade inte.

Han vände sig bara om och gick mot det stora sovrummet. Jag såg på mamma och mina bröder och sa med bestämd röst,

-Låt mig sköta det här nu.

Jag visste att jag hade lovat dem att jag skulle ta ställning, att jag skulle få ett slut på detta. Med tveksamma blickar lät de mig gå och jag följde efter pappa.

När jag klev in genom sovrumsdörren såg jag att han hade satt sig på sängkanten. Bredvid honom låg en askkopp, en tändare och ett cigarettpaket, Röd Marlboro.

-Stäng dörren efter dig! röt han, med ilskan tydlig i hans ansikte.

Åh, nej. Det här kommer att bli en lång kväll, tänkte jag.

Han bad mig sätta mig bredvid honom på sängkanten. Mammas och pappas sovrum var stort, det rymde en stor dubbelsäng centrerat i mitten av rummet och ett nattduksbord vid varje sida av sängen och en stor byrå på andra sidan väggen, alla möbler var gjorda av ek.

Pappa började med att säga att jag hade förnedrat honom och att jag inte hade lydigt honom. Det hade gjort honom så rasande att han först hade kommit hem och slagit mamma tills han kände sig nöjd och sen hade han tillbringat hela dagen ute och spionerat på alla killar som gick i min skola. Han hade följt efter några av dem och hade känt ett starkt behov av att gå fram och döda dem. Han berättade att han varit redo med fiskkniven och bara väntat på rätt tillfälle. Men han hade misslyckats med att genomföra det han planerat.

Jag tittade på honom och drog in ett djupt andetag. Jag höll fast vid den modiga känsla jag hade haft hela dagen och lät orden komma. Jag började rabbla upp allt jag hade burit inom mig, allt jag inte vågat säga förr. Tårarna brände bakom ögonlocken, men jag kunde inte hålla dem tillbaka längre. Till en början blev jag förvånad över att han bara satt där, helt tyst och lyssnade samtidigt som han tände en cigarett och drog ett bloss. Jag fortsatte att släppa ut alla mina känslor, berättade om allt han utsatt oss för under de sju åren – alla de smärtsamma minnen vi bar på. Orden kom i rasande takt, som om jag inte kunde stoppa dem. Jag bad honom att sluta, att det var nog nu. Jag var utmattad, full av sår som aldrig skulle läka

Plötsligt, utan förvarning, känner jag en kraftig smäll mot höger sida av mitt huvud. Allt snurrar och i en sekund är jag inte säker på om jag fortfarande sitter eller om jag faller.

-Hade du något mer att säga? frågade han och hans knytnävar började slå mot mitt huvud, varje träff hårdare än den förra.

Jag minns att jag försökte skydda mitt huvud och ansikte med armarna, men det var som om inget hjälpte.

Sen kastade han ner mig på golvet och jag landade hårt med ryggen mot det kalla underlaget. Han började slita av mina byxor och trosor. Jag skrek, men han var galen.

Mitt i allting ser jag sovrumsdörren öppnas och där står mamma och mina bröder.

De kastade sig på honom, men han var som en rasande Hulk – han slängde bort dem en efter en, mot väggarna, sängen och golvet. Jag låg där, stilla på golvet, omgiven av kaoset och skrek åt honom att sluta.

Jag minns hur han greppade tag i min storebror och började slå honom med knytnävar i magen medan han stod. Mamma, som varit slagen tidigare av honom fick örfilar och knytnävar igen. Sedan drog han henne i håret och släpade ut henne från sovrummet. Han vände sig mot mina bröder och slängde ut dem också, sen stängde han igen dörren.

Jag låg där på golvet, med bar underkropp och en våg av skam sköljde över mig när jag såg hur mina bröder hade bevittnat allt. Pappa såg helt utmattad ut, svetten rann från honom och han flåsade. Det sista jag minns från den kvällen är att han höjde sin knytnäve mot mig och sen blev allt helt svart.

Dagen efter vaknade jag upp i min egen säng. Han måste ha förflyttat mig dit någon gång under natten. En stark smärta sköljde över mig på höger sida av tinningen. Det bultade intensivt och hela min kropp kändes öm, som om varje rörelse drog fram smärtan. Det var mörkt i rummet, trots att det var dag. Jag såg ljuset strömma in vid kanten av persiennerna som var neddragna.

Jag klev upp försiktigt och tog mig sakta ut från sovrummet. Inget dagsljus lyste in i hemmet, det var bara mörkt. Persiennerna var helt neddragna i varje fönster i hela hemmet. Jag hörde ljudet från tv:n i vardagsrummet och gick dit för att se vem som satt där. Det var mina bröder som låg helt utslagna i soffan och tittade på Fresh Prince of Bel-Air.

När våra blickar möttes, kände jag hur skammen kröp över mig som en våg.

Vad tänkte de om mig? Usch, vad jobbigt att de hade sett mig halvnaken...

-Är det bara vi hemma? frågade jag, nervöst.

-Ja, vi fick inte gå till skolan idag, svarade storebror. Mamma är i köket.

Vi bara tittade på varandra och jag vågade inte säga något mer. Skammen höll mig tyst, som en tung sten i bröstet.

Jag gick vidare till köket för att kolla läget med mamma. Hon såg ut precis som gårdagen – framåtböjd och haltande, men trots smärtan stod hon där och lagade mat till oss.

Jag kände mig helt misslyckad. Jag hade inte kunnat få pappa att sluta slå oss. Jag hade inte kunnat få honom att förändras. Allt hade bara eskalerat och det var som om inget längre fanns som kunde stoppa det.

-Han har åkt till jobbet och vi är hemma själva tills han kommer hem, sa mamma. Jag tänkte att vi skulle göra det mysigt för oss, äta mat vid soffbordet och titta på tv tillsammans.

Jag kände att det var snällt av mamma och jag hjälpte henne att duka fram och hälla upp maten till oss och den stunden blev verkligen en av de få ljuspunkterna. Vi fem satt där tätt intill varandra, som om vi alla försökte trösta varandra och visa att vi höll ihop. Vi var alla trasiga och hade ont på olika ställen, men jag glömmer aldrig känslan av att få lyxa till det för en stund, att få stänga ute allt det onda, om än bara för en kort tid, innan pappa skulle komma hem igen.

Det kändes inte som om mamma var vår förälder. Det kändes mer som om hon var ett av oss – som ett barn, hjälplös och förlorad. När klockan började närma sig fyra visste vi alla vad som skulle komma. Vi intog våra positioner, som vi alltid gjorde och vi visste att det skulle bli som vanligt – förutsägbart, skrämmande, men också något vi inte kunde undvika.

Den spruckna fasaden

Pappas alkoholmissbruk började så småningom synas på utsidan också. Pengarna som skulle ha gått till huset och mat till oss försvann. Jag kan inte låta bli att tänka på den tiden innan kylskåpet började eka tomt, när han brukade storhandla två gånger i månaden. Ibland tog han med oss, men då var vi bara tvungna att sitta i bilen och vänta på honom. Timmarna kändes oändliga och vi satt där, tysta och maktlösa, ibland i upp till två timmar. Andra gånger fick vi följa med in i affären, men bara om vi "skötte oss" – det var hans sätt att säga att vi måste göra som han ville. Och även då var det inget lättare, för när vi satt i bilen på väg hem kunde han plötsligt slå oss med knytnävarna mot huvudet och ansiktet, för att han tyckte att vi inte hade lyssnat på honom. Vi var alltid på helspänn, oförmögna att förutse vad som skulle komma härnäst. När vi kom hem och packade upp kylvarorna och kylskåpet så småningom var fyllt till brädden, brukade han beordra mig att ställa mig framför den öppna kylskåpsdörren och han fotograferade mig.

-Ställ dig lite närmare kylen och se glad ut, sa han, precis innan vi hörde klickljudet från kameran och en stark blixt bländade mig.

Sedan var det min storebrors tur att stå där, följt av mina yngre bröder. Men maten var aldrig för oss. Den fanns bara där för att han skulle kunna visa upp bilderna för våra släktingar och hans vänner, som om det var ett bevis på att vi hade allt vi behövde, även om vi aldrig fick ta något av det själva.

Pappa skröt ofta om hur mycket mat vi barn fick. Men sanningen var att mamma bara fick laga det han bestämt och vi fick absolut inte öppna kylskåpet när vi ville. Han höll noggrant koll på vad som fattades. Vi fick frukost och sedan middagen som mamma hade lagat åt oss.

Det var allt. Inget mellanmål eller snacks till fredagsmys och inget lördagsgodis – han styrde varje måltid vi fick, som om han ville kontrollera allt vi åt. De enda gångerna vi fick något riktigt gott var när han bjöd över sina vänner, som också hade barn i vår ålder. Då fick vi alla glass, fikabröd och läsk. För oss var det en ovanlig lyx. Han låtsades vara snäll inför andra, men allt det där goda var bara en fasad – ett sätt att få det att verka som om vi alltid hade det bra, som om vi fick allt vi ville. Och mamma, jag och mina bröder spelade våra roller precis som pappa hade lärt oss. Ingen fick misstänka att något var fel. Vi låtsades vara glada, som om vi levde ett lyckligt liv, fast vi visste att allt var en lögn. Om vi inte följde pappas regler och gjorde som han sa, kunde vi få betala ett högt pris. Konsekvenserna var alltid allvarliga och vi visste att det kunde gå riktigt illa.

Men, nu kunde han inte fylla kylskåpet längre och huset låg ute till försäljning. Vi var tvungna att flytta till en hyreslägenhet.

Flytten från huset till lägenheten var tung och känsloladdad. Nu skulle vi bo mitt emot järnvägsstationen och mycket närmare vår skola, men trots den närheten så kändes det inte bra. Pappas fasad var krossad och jag visste att det bara skulle bli värre för oss. Och som jag befarade, blev mina värsta tankar snabbt verklighet.

(Jag minns det så väl när jag stod där, 13 år gammal, med händerna hängande vid sidorna och blickande mot kameran. Jag var tvingad till att stå där, att se ut som om jag var bekväm och glad, trots att inget i mig kände så. Allt var för att få det att se bra ut, som om allt var normalt. Men för mig var det bara ännu en bild jag inte ville vara en del av, en fasad som jag inte hade något val än att spela med i.)

Huset,

"Jag har kommit tillbaka till dig på äldre dagar, stått där i tystnad, och låtit blicken vila på dig. Din ljusgröna fasad är fortfarande kvar, men den är blek och sliten – som om åren har slitit på både dig och mig. Träet har börjat förmultna, spruckit och flagnat, men fönstren och den lilla farstun är sig lik. De påminner mig om alla gånger vi öppnade ytterdörren med en klump i magen, fyllda av både förväntan och oro. Jag kan känna doften av dig, på vintrarna när kylan bet i luften och mamma hade eldat i braskaminen. Doften av bränt trä fyllde huset och värmde oss – men den värmen förlorades alltid när pappa kom hem och hans sprit och öl trängde ut allt. Nu hade ogräs vuxit mellan stenplattorna på marken där vi sprang omkring, där vi en gång lekte innan vi blev helt isolerade. Jag tittar ner mot gatan och tänker på alla gånger vi gått där nervösa och rädda. Huset, jag har sagt farväl till dig i tysthet, med tårarna fallande som regn mot marken, varje droppe ett ekande minne av allt jag lämnar bakom mig. Din bleknade fasad, dina spruckna väggar – de bär på allt vi var, allt vi förlorade. Du lever kvar inom mig, rotad i mitt hjärta, som om jag bär en bit av dig i varje andetag. Men nu har jag tagit med mig den lilla flickan, ett oskrivet blad, en ny början som bär på allt det gamla, på både våra drömmar och våra smärtor. Jag går vidare, men det sista farväl jag ger dig försvinner aldrig, för du är fortfarande en del av mig, en del jag inte kan lämna, trots att jag måste."

Hej då, Huset.

Första natten i lägenheten. En ljus trea med trägolv och gula köksluckor. Det var inte mycket, men ändå kändes den lite mysig på något sätt, tyckte jag. Bland flyttlådor och svarta säckar letade vi efter sängkläder, täcken och kuddar, alla trötta och förvirrade efter dagen. Men vi var långt ifrån färdiga. Det väntade mer jobb i huset, där möbler hade lämnats kvar – saker som inte fick plats i lägenheten. Huset behövde städas och det sista skulle tas bort.

-Men det får vi ta hand om senare i veckan, sa pappa. Ikväll vill jag prata med er alla. Sätt er i soffan.

Vi satte oss tysta i soffan, mamma, jag och mina bröder. Han stirrade på oss och hans röst bröt tystnaden när han började prata om hur mycket han skämdes över att folk skulle se oss bo i en lägenhet. Ju mer han pratade, desto hårdare och mörkare lät hans röst, som om varje ord förstärkte hans ilska. Sedan började han lägga all skuld på mamma. Det var hennes fel att vi behövde flytta, hennes fel att vår familj fått ett dåligt rykte, som han sa. Han svor åt henne, skrek och anklagade henne för att ha förstört allt för oss. Vi satt tysta, alla blickar riktade mot mamma och en tung känsla av sorg som fyllde oss.

Stackars mamma, tänkte vi.

Det var absolut inte hennes fel. Han vägrade sluta. Hans kroppsspråk blev alltmer hotfullt och han började säga olika glåpord åt mamma, varje ord fylld av hat och förakt. Sen gick han mot det lilla förrådet i lägenheten och när han kom tillbaka hade han ett basebollträ i handen. Ett basebollträ som jag aldrig hade sett förut.

Vart kom det ifrån? tänkte jag, en kall oro började sprida sig genom mig. Vad tänkte han göra med den?

74

Han började svänga med basebollträet, som om han ville visa oss exakt hur han tänkt slå ihjäl oss med det.

Varje gång träet svischade genom luften var det som om tiden stannade och jag trodde varje gång att nästa slag skulle träffa någon av oss. Det var fruktansvärt skrämmande. Och det var precis det han ville – skrämma oss. När han var klar med att förnedra mamma och hota oss, släppte han oss till slut och sa att vi kunde gå och lägga oss.

Jag minns att jag hade mardrömmar den natten – drömmar där jag blev brutalt ihjälslagen. Jag vaknade gång på gång, kallsvettig och panikslagen, varje gång överväldigad av en rädsla jag knappt kunde förstå.

Men så började solen gå upp och lyste in genom mitt tomma fönster, utan persienner, utan gardiner och rummet fylldes långsamt av ett mjukt, kallt ljus. Ännu en dag att överleva, tänkte jag när jag klev upp, som om dagarna bara var något att ta sig igenom. Vi gick upp för att göra oss i ordning till skolan, men den här morgonen kändes det konstigt. Pappa hade inte valt ut mina kläder som han alltid gjorde. Jag stod där, osäker och undrade om han hade glömt, eller om han plötsligt skulle sluta välja dem för mig. Det var så ovant. När jag tittade på klockan insåg jag att han redan var borta, redan åkt till jobbet utan att säga ett ord. Och den enda gången jag fick ha på mig fina kläder utan att han valt ut dom var när det var skolfotografering. Det var för att pappa ville visa upp oss, få oss att framstå som en perfekt familj när vi bodde i huset.

-Kolla vad fina kläder mina barn har, sa han alltid när våra släktingar eller hans vänner stod och betraktade våra foton i fotoramarna i vardagsrummet.

De där bilderna var inte bara bilder – de var som vitrinskåp, där vi stod instängda, fångade i perfekta ögonblick för att skapa en bild av något vi inte var.

Varje gång någon tittade på dem, kändes det som om vi inte var där för oss själva utan för att fylla en plats i en berättelse som pappa ville att andra skulle tro på.

Men det var ingen skolfotografering i skolan idag, varför hade han inte lagt fram mina kläder?

Jag kunde inte hitta mina kläder någonstans i lägenheten.

-Kom och kolla bland mina kläder i säcken, sa mamma.

Hennes kläder var precis som mina heltäckande och lite för stora. Hon fick inte heller ta på sig vad hon ville.

-Han har alltid bestämt över mig, ända sedan vi gifte oss, berättade mamma med en tyst sorg i rösten.

Jag rotade fram en röd tröja och ett par ljusgråa byxor. De var helt okej inget mer än så. När jag var klar sa mamma att hon skulle vara i huset under dagen för att fortsätta plocka och städa och sedan försöka hinna packa upp allt i lägenheten. Det lät som om hon var på väg att tappa greppet, som om hon inte visste vart hon skulle börja eller hur hon skulle hinna med allt. Hennes röst var lite skyndsam och jag hörde hur hon försökte hålla ihop det, trots att stressen låg tungt i luften.

Hjälpen

Vi barn begav oss mot skolan och nu behövde vi inte gå lika långt som vi brukade göra förut. Denna dag kände jag en känsla jag inte riktigt kunde beskriva, en känsla jag aldrig upplevt förut. Det var något jag inte riktigt kunde sätta fingret på, men jag visste att just den här dagen var annorlunda, även om jag inte förstod varför. Den dagen i skolan hade vi något som hette "bokmässa". När vi kom innanför dörrarna möttes vi av sittbänkar längs med väggarna och lite längre in öppnade sig ett stort, luftigt utrymme. I mitten fanns en trätrappa som en läktare, där man kunde sitta, läsa eller bara umgås. Vår skolkafeteria låg till höger om det öppna rummet, en liten mysig plats där doften av Billys Pan Pizza eller pirog och kakor alltid låg i luften. Elever stod där och sålde och det var alltid liv och rörelse. Mitt skolskåp var det enda privata jag hade, det enda som pappa ännu inte hade tagit över och gjort till sitt. Där inne fanns min lilla frihet. Jag hade klippt ut bilder på kändisar och tejpat upp dem på insidan av dörren, som små påminnelser om något jag kunde kontrollera, något som var mitt.

Lektionerna hade börjat och jag gick in i klassrummet och satte mig vid min vanliga plats vid fönstret. Jag behövde alltid vara där. För att kunna se ut mot skolparkeringen, hålla utkik efter honom. Jag visste nu varför jag gjorde det. Rädslan var så påtaglig, som ett tryck i bröstet. Jag visste aldrig vad han skulle dyka upp i för bil, för på sistone hade han kommit i olika okända bilar och varje gång var det en ny osäkerhet, en ny rädsla. När lektionen var över, var pappa inte där vid första rasten. En våg av lättnad sköljde över mig. Jag kände hur hela kroppen slappnade av, som om jag hade hållit andan hela lektionen. Nu kunde jag bara vara med mina kompisar, busa och skratta, utan att hela tiden vara på helspänn.

Jag visste att mina bröder alltid hade min rygg, att de inte skulle skvallra eller hålla ett öga på mig och att de alltid respekterade mitt utrymme.

Mina bröder hade gång på gång tagit stryk för mig, när pappa inte trodde på deras ord och trodde att de ljög för att skydda mig, då skulle han,

"Slå sanningen ur dem", som han alltid sa.

Men efter lunch, när vi hade den långa rasten, gick jag tillbaka från matsalen och på väg till mitt skåp såg jag genom fönstret att en röd bil, lite mindre än de andra, hade ställt sig på parkeringen. Hela min kropp stelnade och oron började sprida sig inom mig.

Passagerardörren öppnades och pappa klev ur bilen. Han stod där en stund och tittade på skolan med en nyfiken blick, som om han letade efter mig. Men han såg inte mig. Jag såg honom klart och tydligt, men han kunde inte se mig. Jag visste att jag var tvungen att gå ut till honom, att inte låta honom vänta för länge. Ångesten låg som en tung klump i magen och det kändes som om den skulle kväva mig.

Jag gick mot honom men det kändes som att mina ben kämpade för att ta varje steg.

-Hej, sa jag, och försökte undvika hans blick.

Vi satte oss in i bilen. Den tunga lukten av cigarettrök klibbade fast vid mig och vägrade släppa och hela bilen kändes instängd, som om luften aldrig byttes ut. Sätena var av beige tyg, slitna och fläckiga och de såg ut som om de aldrig riktigt hade varit rena. Jag undrade vem bilen tillhörde, samtidigt som jag försökte dölja mina skakningar och hålla mig lugn, trots att paniken växte inom mig.

Sedan började han köra ut från parkeringen och styrde mot bilvägen, på väg mot vår nya lägenhet.

Han sa inte ett enda ord fram tills vi stod utanför lägenheten.

-Nu ska du visa mig att du är min fru, sa han, och hans blick krävde att jag skulle kliva ut direkt.

Inom mig kände jag att jag lika gärna kunde dö där och då.

När vi steg in i lägenheten var det tyst, en kvävande tystnad. Mamma var inte hemma. Han bad mig att börja klä av mig. Och det som hände därefter är så fruktansvärt svårt att skriva om, att varje ord känns som en kniv i magen, som om jag inte kan andas när jag försöker minnas.

Men det var också just det som fick något att brista inom mig, som en kraftig storm som svepte bort all rädsla. Jag insåg att jag inte kunde låta det här fortsätta längre – jag hade fått nog.

När han var klar med mig och körde tillbaka mig till skolan, sitter ögonblicket fortfarande kvar så tydligt i mig. Varje detalj, varje känsla, spelas om och om igen i mitt huvud, som en bild jag inte kan radera. Och trots all smärta vet jag att det var där, just då, som jag började ta tillbaka kontrollen över mitt liv.

När jag klev in genom skolans dörrar var bokmässan i full gång och elever rörde sig överallt, men mitt hjärta bultade högt och inom mig växte en känsla av rå styrka, som ett lejon som plötsligt vaknade till liv. Jag visste att jag behövde hjälp.

Jag var tvungen att be om hjälp.

Och plötsligt, som om allt annat bleknade bort, fick jag tunnelvision – och framför mig stod den jag visste att jag måste våga gå fram till. Det var min lärare.

Jag vet inte varifrån den inre styrkan och modet kom, men plötsligt var det där, som ett kraftigt tryck som drev mig framåt.

Rädslan virvlade runt mig, som en storm, mitt hjärta slog snabbt och jag visste att jag inte kunde tveka längre.

Jag minns inte om jag tog tag i lärarens arm, eller om orden bara flöt ur mig, men allt jag kunde få fram var,

-Jag behöver hjälp! Snälla, hjälp mig!

Jag kan minnas hans blick – han blev helt förvånad, men han behöll lugnet, vilket fick mig att tvivla på om jag verkligen hade modet att fortsätta. Efter det är minnet av vad han sa ganska suddigt. Vi gick in i ett litet avskilt rum och han stängde dörren bakom sig. När han frågade mig vad som hade hänt, brast allt. Allt jag hade hållit inne, allt jag hade kämpat mot, bara forsade ur mig. Jag grät så mycket att jag knappt kunde få fram orden och jag försökte få med allt – vad pappa hade gjort mot mig, mamma och mina bröder.

Men mitt i allting, när orden väl flödade, kändes det som om jag tappade kontrollen. Rädslan spred sig genom mig och alla de där tankarna dök upp,

Kommer läraren att tro på mig? Vad kommer att hända om han inte tror på mig?

Jag visste att jag var tvungen att övertyga läraren om att mamma inte hade varit delaktig. Men hur skulle jag kunna förklara det? Om jag sa att det hade pågått i sju år skulle han tro att mamma varit med på allt – att hon inte hjälpt oss, att hon inte sett oss lida. Men det var inte så. Mamma hade aldrig varit med, inte på det sättet.

Hon var tyst, ja, men inte för att hon inte ville hjälpa oss, utan för att hon visste att om hon sa eller gjorde något skulle det bli ännu värre för oss. Det var en smärtsam tystnad, en som vi alla bar på för att hålla pappa lugn.

Jag ville inte att läraren skulle tro att mamma svikit oss – för hon hade inte haft något val. Jag valde att berättade att det bara hade pågått i ett år och jag kände mig så liten, som om min berättelse inte var tillräcklig, som om det inte skulle vara nog för att få honom att förstå att vi verkligen behövde hjälp, nu och på en gång.

Men jag hade fel. Läraren såg på mig med en värme i blicken och sa,

-Jag tror på dig, med en sådan övertygelse att jag inte längre tvivlade på hans stöd.

Hans ord landade i mig som en oväntad våg av lättnad, som om en tung sten plötsligt lyftes från mitt bröst. Det var som om han verkligen förstod allvaret i situationen, som om han såg den hotbild som jag varit fångad i så länge.

-Jag ska bara gå ut och prata med några av de andra, sa han lugnt och hans röst var som en trygg hand som sträckte sig ut.

Han försäkrade mig om att jag var i trygghet nu, att jag inte behövde vara rädd. Men även om hans ord var mjuka och lugnande, kände jag fortfarande en skakande oro, en liten röst inom mig som tvivlade,

Vad händer om han inte kan göra något?

Jag satt kvar i det lilla rummet, ensam med mina tankar.

En tung, sorgsen känsla låg som ett tryck i bröstet och trots att jag försökte intala mig själv att jag hade gjort rätt val, så var det som om rädslan inte riktigt släppte taget. Jag tittade omkring mig, mina händer skakade utan att jag kunde kontrollera det. Jag var rädd. Rädd för vad som skulle hända nu.

Efter en stund kom läraren tillbaka och hans närvaro kändes som ett litet steg mot trygghet. Han fortsatte att prata med mig, hans röst lugn och stadig, som om han ville försäkra mig om att jag inte var ensam i detta längre.

Han berättade att det skulle komma några från socialtjänsten och även om orden var viktiga, var det något i hans ton som gjorde att jag kände mig lite lättare. Vi satt kvar där i det lilla rummet, pratade om allt och ingenting, men mest om det som hade hänt. Andra vuxna kom och gick, deras röster hördes som svaga ekon utanför dörren. Det var då det hände. Någonstans mellan all oro och tårar, började jag känna att det var okej. Kanske, om de visste min hemlighet, skulle det faktiskt kunna hjälpa mig. Kanske var det inte längre så farligt att dela den med andra vuxna. Hemligheten som jag hade burit på i sju år.

Det var inte längre bara min och pappas hemlighet. Det kändes som en lättnad att fler vuxna visste, som om jag äntligen kunde andas ut och inte behövde bära på det ensam längre.

Stressen började krypa in i mig när jag insåg att klockan tickade. Jag visste att när skoldagen var slut, var jag tvungen att gå hem – och det var något jag fruktade.

-Pappa kommer att komma hem och om han ser att jag inte står i ledet med de andra, då kommer han att döda dem, sa jag uppjagad, min röst skakig av både rädsla och panik.

Läraren insåg snabbt att vi kämpade mot klockan. Mötet med socialtjänsten skulle inte kunna bli av idag – vi hade för lite tid kvar och jag såg på honom att han visste hur allvarligt det var. Jag kände hur ett mörkt moln av frustration och oro steg inom mig, men han var lugn.

Han hukade sig ner på knä så att han var i min höjd och hans blick var allvarlig, men inte kall. Det var som om han försökte ge mig något, någon form av trygghet mitt i kaoset.

-Du måste gå hem idag också, sa han, men hans röst var stadig, som om han ville att jag skulle förstå att det inte var slut än. Vi behöver ha en plan, sa han och blev tyst för ett ögonblick, som om han visste att det var något vi skulle fixa, men han ville vara säker på att vi gjorde det på rätt sätt.

Jag minns inte vems mobiltelefon det var, men efter en stund hade vi kommit fram till en plan. Jag skulle försöka skicka ett sms till läraren under kvällen, för att berätta hur läget hemma var. Om det blev för allvarligt, skulle läraren kontakta polisen. Hjärtat slog snabbt när jag tänkte på det – det var som att hela min värld stod på spel. Jag var rädd för vad som skulle hända om pappa såg mig skicka meddelandet, rädd för konsekvenserna, men ändå visste jag att det här var något jag var tvungen att göra.

Jag pratade inte med mamma eller mina bröder om att jag hade tagit hjälp. Det kändes som något jag måste hålla för mig själv, åtminstone ett tag till. Men mina bröder, de var kloka och kände mig bättre än någon annan. De hade märkt den låga stämningen på skolan, den tysta oron som låg i luften och de hade hört att något hade hänt. Jag visste att de inte skulle fråga direkt, men jag kunde känna att de undrade och den tysta förståelsen mellan oss gjorde det hela ännu svårare.

Jag ville inte belasta dem, men samtidigt var det som att vi alla redan visste att saker inte var som de borde vara.

När vi kom hem gick jag snabbt in i mina bröders sovrum, hjärtat slog fortfarande snabbt i bröstet. Jag öppnade deras klädgarderob och kastade en blick över rummet för att vara säker på att ingen såg.

Jag tog fram mobilen, andades ut när jag såg att den var på ljudlös och tryckte den sedan långt in mellan två av min storebrors tröjor.

Jag ville inte att någon skulle hitta den, inte nu, inte förrän jag var helt säker på att jag hade kontroll över allt. Jag gick snabbt ut i hallen och ställde mig på led. Jag försökte hålla mig stilla, men varje sekund kändes som en evighet medan vi väntade på att pappa skulle komma.

Psykopaten

Jag visste att han snart skulle komma in genom dörren och jag var fylld av en blandning av rädsla och osäkerhet om han skulle genomskåda mig och att han skulle förstå att jag har avslöjat vår hemlighet. Efter det han hade gjort mot mig under den dagen på lunchrasten, ville jag inte ens titta på honom. Hatet mot honom växte sig enormt inom mig, en nästan fysiskt kännbar ilska och avsky. Jag ville bara bort från honom, för han var för mig den vidrigaste människan jag kunde tänka mig.

Och så kom han hem och allt fortsatte som vanligt. Jackan av, skorna av, väskan togs. Det var som om inget hade hänt, som om ingenting var förändrat. Vi gjorde allt som vi var vana vid, men det kändes som om jag inte riktigt var där, som om jag gjorde saker på autopilot utan att riktigt vara närvarande. Men något som skiljde den här kvällen från alla andra var att pappa, konstigt nog, var på ett helt annat humör – något vi inte alls var vana vid. Han började säga snälla saker, busa och skoja med oss och för första gången på länge skrattade han. Det var som om vi såg på honom med helt nya ögon. Vi alla tittade på varandra och vi kände oss både förvirrade och osäkra.

Vad var det som hände? Skulle vi våga slappna av? Kunde vi egentligen tro på det här? Det var så konstigt.

Vi satte oss vid matbordet och åt den middag mamma hade lagat, kyckling och ris i ugn. Matstunden var oväntat lugn. Inte en enda gång påpekade pappa hur vi satt, hur vi åt eller hur mycket mat vi fick ta, som han annars alltid gjorde.

När vi var klara med middagen och jag hade hjälpt mamma med disken, hörde vi plötsligt pappas röst bryta tystnaden.

-Jag har något jag vill prata med er om, sa han. Kom ut till soffan och sätt er här nära mig.

Vi blev helt stilla, våra hjärtan bultade snabbt. Något inom oss förstod direkt att det här var inte som de andra gångerna. Vi gick snabbt tillbaka till det vi alltid varit, upprätta, nervösa, rädda för vad som skulle komma,

-Jag kommer att förändras. Jag kommer aldrig mer att vara arg på er eller slå er, sa han och sedan brast han ut i tårar. Han grät. Men han sa aldrig förlåt till oss.

Jag stirrade på honom, oförmögen att förstå. Hans ord, hans gråt - allt kändes så overkligt. Igår hade han hotat oss med ett basebollträ och idag gråter han? Det var som att hela världen hade snurrat runt och vi stod kvar, förlorade och chockade. Jag såg på mamma och mina bröder och jag såg samma förvirring speglas i deras ögon. Vi var alla fångade i samma känslomässiga kaos, osäkra på om vi skulle våga hoppas eller om vi bara var fast i en ny lögn.

Pappa satt där, hans tårar rann och han sträckte ut sina armar mot oss,

-Kom till mig, sa han. Jag behöver er. Vi ska börja om. Ett nytt kapitel i vårt liv. Jag kommer att bli en snäll och kärleksfull pappa nu. Fortfarande sa han aldrig förlåt till oss.

De orden, de tårarna – de var så starka, så intensiva. Och trots att en del av mig ville tro på honom, så var en annan del fylld av rädsla och tvivel.

Tänk om han ljög igen? Tänk om detta bara var ännu en av hans manipulationer?

Men där fanns också en gnista av hopp, något vi inte hade vågat tro på länge. Kanske var detta en chans att äntligen få det vi alltid drömt om – en pappa som vi inte var rädda för.

Det som jag fortfarande undrar över, än idag, är varför han förändrades så plötsligt, just den dagen jag bad om hjälp.

Vad var det som hände? Vad var det som fick honom att bryta ihop och börja säga allt det där? Han visste inte om anmälan som var på väg mot honom, han hade ingen aning om att socialtjänsten var involverade. Jag kan fortfarande inte förstå det, den där snabba vändningen. Det var som om han på något sätt visste att något var på gång, något som han inte kunde stoppa. Men hur mycket han än grät och försökte måla upp en bild av ett bättre liv, ett liv med en snällare pappa, så hade jag redan bestämt mig.

Jag hade kommit så långt och inget av det han sa eller gjorde kunde ta bort de sju år av ondskan han hade utsatt mig för.

Jag visste att hans ord inte var värda något. För en pappa gör inte så där mot sin dotter. Jag såg på honom där han satt, med sina tårar, men det var som om jag såg igenom honom. Jag kände inget för honom längre, bara avsky och en kylig beslutsamhet.

Det är krokodiltårar, han är en psykopat, tänkte jag för mig själv och det kändes som den enda sanningen jag visste.

Jag vände bort blicken, gick snabbt in till mina bröders rum, plockade fram mobilen och skickade ett sms till läraren,

"Det är lugnt hemma."

På morgonen dagen efter, när jag vaknade och öppnade sovrumsdörren, såg jag något ligga på golvet precis utanför. En lapp. Jag böjde mig ner och plockade upp den och såg att den var handskriven. Pappa hade åkt till jobbet, men han hade lämnat ett meddelande till mig:

"Idag får du välja själv dina kläder"

Jag stod där en stund, stirrande på lappen och en konstig känsla spred sig i mig. Det var förvirrande.

Vad menade han med det här? Var han plötsligt snäll? Eller var det bara ett annat sätt att kontrollera mig?

Trots allt kände jag en liten glimt av lättnad. För första gången på länge hade jag friheten att välja vad jag ville ha på mig. Det var en liten sak, men ändå betydelsefull. En chans att känna lite kontroll i en annars kaotisk värld. Men samtidigt var jag osäker på varför han gjorde det. Vad var hans egentliga avsikt? Jag försökte skaka av mig oron, men en liten del av mig undrade om det här verkligen var på riktigt. Jag kollade igenom mina kläder som han hade lagt i en flyttlåda utanför mitt rum. Han hade rensat bland dom och flera av mina t-shirts, linnen och byxor var borta. En tom känsla spred sig i mig när jag såg vad som fattades. Jag tog på mig en tröja och ett par svarta byxor.

Räddningen

Med en nervös känsla i magen och oro som gnagde, gick jag bredvid mina bröder på väg till skolan som vanligt, men något kändes konstigt idag med, som om hela världen omkring mig var förändrad och mitt i allt detta, började mitt hjärta bulta snabbare. Plötsligt ville jag bara krama om mina bröder och tacka dem för att de alltid hade funnits där för mig, för att vi hade klarat oss igenom allt tillsammans. En värme spred sig inom mig, blandat med oro. Jag visste att vi var på väg in i något nytt, men ingen av oss visste riktigt vad som väntade oss. När vi klev in i skolan kändes det som om alla elever tittade på mig med nyfikna blickar. Jag kunde nästan känna deras frågor hänga i luften,

Vad var det med Miranda igår? Vad hade hänt?

Jag började skämmas och kände mig helt utblottad, som om alla såg rakt igenom mig.

Visste alla om min hemlighet? Hade något rykte gått?

Sen ser jag min lärare gå mot mig, han kommer fram och säger att vi ska gå in i ett rum. När vi klev in i det rummet såg jag två kvinnor. Jag visste genast att de var från socialtjänsten och en kall rysning gick genom mig. De ville prata med mig, men jag kände hur ångesten växte. Jag ville inte göra det här, inte igen. Att behöva berätta allt om igen, att öppna upp och visa allt som jag hade kämpat så hårt för att hålla inombords – det var nästan för mycket att bära. Men innerst inne visste jag att det var nödvändigt. Jag visste att det här var ett steg jag var tvungen att ta om vi skulle få den hjälp vi behövde. Jag ville inte vara här, men jag visste att om jag inte gjorde det här skulle vi vara fast med en psykopat i en riktig mardröm.

De presenterade sig själva, båda verkade lugna och snälla. Sedan började de ställa sina frågor och först efter det var det min tur att börja berätta. Men hela tiden låg tankarna på att skydda mamma i bakhuvudet, som en ständig närvaro.

Jag minns inte hur lång tid det tog eller vad som sades ordagrant, men jag kommer ihåg att de snälla kvinnorna från socialtjänsten sa att jag skulle åka bort. De ville att vi skulle åka hem till mig och hämta mamma först och sedan mina bröder.

Skulle vi äntligen få bli fria från pappa?

En glädjande känsla spred sig i mig, men samtidigt började stressen och oron växa. Tanken på att pappa kanske skulle stå vid parkeringen och se mig med kvinnorna från socialtjänsten fick min mage att knyta sig.

Hur skulle vi klara det här?

Jag var rädd och tveksam, men kvinnorna övertygade mig om att vi skulle få skydd – att vi inte skulle vara ensamma längre. Vi gick ut från rummet och vidare mot skolkorridoren där min lärare väntade. Jag minns hur jag sedan fick krama mina närmaste vänner innan vi skulle gå ut. Tårarna rann och jag sa till mina vänner att jag var tvungen att åka bort. Jag såg i deras ögon att de förstod – de var ledsna, men samtidigt var deras blickar fyllda med en blandning av sorg och hopp för mig. De ville mitt bästa, det var så tydligt. När jag kramade dem och sa hej då, kändes det som om en del av mig försvann. Den här stunden, – det var ett sista farväl av den trygghet jag hade känt. En sorg låg som ett tungt täcke över mig, för jag visste inte vad som väntade.

Skulle jag någonsin få se dem igen? Eller var detta ett avsked som skulle lämna oss i en oviss framtid?

Jag sa till min lärare, med tårarna rinnandes för mina kinder,

-Tack för att du trodde på mig och tack för att du har hjälpt mig.

Min röst darrade av känslor och jag kramade honom "hej då". Utan honom hade jag inte vetat var jag skulle ha varit och jag visste att utan hans hjälp skulle jag inte ha fått den trygghet jag nu hade. Den där kramen kändes som en bekräftelse på att allt jag kämpat för, allt jag hade gått igenom, inte var förgäves. Jag var tacksam på ett sätt jag inte riktigt kunde sätta ord på.

Vi gick mot skolans parkering och en lättnad spred sig inom mig när jag såg att pappa inte var där. Men plötsligt kände jag en förändring i luften. Kvinnorna från socialtjänsten verkade stressade och deras steg var snabbare än vanligt. En känsla av oro började sprida sig inom mig – kanske var det inte bara jag som började känna rädslan. Kanske började de också förstå den verkliga faran, den jag hade försökt förklara om pappa.

Hade min berättelse fått dem att känna samma rädsla som jag hade känt alla dessa år?

Vi kom fram till lägenheten och när jag gick in genom dörren, med kvinnorna från socialtjänsten bakom mig, såg jag mamma stå på en stol vid fönstret i vardagsrummet, hon försökte hänga upp gardinerna. Men när hon såg oss, när hon såg mig komma in med de två kvinnorna, förändrades allt. Jag minns hur hennes ansikte plötsligt blev blekt, som om all färg rann ur henne. Hon stelnade till, hoppade ner från stolen och lät gardinstången falla på golvet med ett duns.

-Vad har du gjort? sa hon, rösten skakig och fylld av en skräck jag aldrig tidigare hört från henne.

Det var som om världen runt mig stannade, och för en sekund var allt tyst. Jag kände hur tårarna brände i mina ögon, men samtidigt en konstig lättnad spred sig genom mig. Jag hade tagit beslutet. Det var för sent för att gå tillbaka nu. Jag visste att det var över.

-Mamma, det är över nu, sa jag och jag kunde inte hejda gråten som började rinna. Orden var både tunga och lätta på samma gång. Det var som att en enorm börda lyftes från mina axlar och samtidigt var rädslan för framtiden så stor. Dom är här för att hämta oss, sa jag.

Vi förklarade snabbt för mamma att vi behövde packa väskorna och åka därifrån, men hennes reaktion var inte alls vad jag förväntade mig.

-Nej, jag kan inte. Vad bra att du har tagit hjälp Miranda, men jag kommer att stanna kvar, sa hon med en osäker röst.

Jag stod där, helt chockad, oförmögen att förstå vad hon menade.

Hur kunde hon vilja stanna? Hur kunde hon vara så orädd?

Jag trodde att hon förstod allvaret, men här var vi och hon ville stanna kvar för att möta honom i stället för att fly.

-Jag vill inte bara lämna, jag vill möta honom och ställa honom mot väggen en gång för alla. Jag vill inte fly utan att han ska veta om att han ska få ångra allt.

Kvinnorna från socialtjänsten började se ännu mer stressade ut och vi försökte gång på gång övertala mamma att åka med oss. Men hennes beslut var klart.

Hon ville inte åka med oss.

-Okej, men då stannar jag också för jag kan inte lämna kvar dig här mamma, sa jag.

-Nej, du ska åka! Packa med dig det du behöver och följ med dem, svarade mamma med en allvarlig ton.

Jag kände hur tårarna började rinna. Vi stod där, nära varandra, kramade om varandra för att samla styrka, men inombords var jag helt förlorad. Jag ville inte lämna henne, inte i denna skrämmande, osäkra stund. Jag var överväldigad av rädsla för vad som skulle hända när han kom hem från jobbet och upptäckte att jag inte var där. Tanken på att lämna mamma och bröderna, helt oskyddade när han kanske skulle bli rasande, krossade mig. Jag kände en gnagande oro, som ett tryck över bröstet. Jag visste inte hur pappa skulle reagera, om han skulle ge sig på dem eller vad han skulle göra. Och här stod jag, på väg att lämna allt bakom mig, utan att kunna skydda dem från hans ilska. Jag kände mig så hjälplös och fylld av en skräck som inte ville ge sig. Jag kunde inte vara där för att hålla dem säkra och det var en känsla som var lika tung som den var skrämmande.

-Vi måste verkligen åka nu, hörde jag en av kvinnorna säga.

Innan jag släppte mammas kram, viskade jag i hennes öra,

-Jag har sagt att det bara har pågått i ett år, det pappa har gjort mot oss, för att skydda dig mamma, så att ingen ska tro att du var med på det, sa jag. Ni måste också säga det.

Mamma tittade på mig och nickade tyst, utan att säga ett ord, men känslan av att lämna henne där, utan att veta vad som skulle hända, var överväldigande. Jag skyndade mig in i mitt rum, men allt var kaotiskt i mitt huvud. Jag visste inte vad jag skulle ta med mig, vad som var viktigt.

Mina händer skakade när jag slängde kläder i en väska – jag visste inte ens om det var rätt saker. Kläderna som mamma hade hunnit vika in i min garderob från flyttlådan låg där – men jag kände ingen tanke på ordning eller vad jag egentligen behövde. Jag släppte ut ett snabbt andetag, kände hur mitt hjärta slog snabbt och grep tag i vad som helst.

Ingenting kändes rätt, men jag hade inte tid att tänka. Stressen brände i bröstet, varje sekund kändes som en evighet och jag var rädd för vad som skulle hända om vi inte hann i väg. Mamma var fortfarande där, men jag visste inte om jag skulle se henne igen eller om jag gjorde rätt.

Jag följde med kvinnorna ut till trappuppgången och vände mig om för att säga hej då till mamma en sista gång. Tårarna brände bakom ögonlocken, men jag försökte hålla ihop mig. När jag satte mig i bilen kände jag hur paniken började krypa upp i mig. Hjärnan var i full fart, tankarna virvlade,

Kommer jag att få se dem igen?

Det var som om hela världen stannade och snurrade samtidigt.

Jag hade inte ens hunnit säga hej då till mina bröder. Kanske var det sista gången jag såg dem, kanske inte. Och känslan av att lämna mamma där, ensam, var en klump i magen som jag inte kunde bli av med.

Men så åkte vi. Jag sattes i trygghet. Jag kände en blandning av lättnad och oro – lättnad för att jag äntligen var bortom det jag hade fruktat varje dag, men också en oro för allt jag lämnat bakom mig. Jag visste inte vad som väntade, men för första gången på länge kändes det som om jag var på väg mot något bättre. Jag var inte längre ensam, inte längre fast i mörkret. Jag var på väg att hitta en ny början.

Tingsrätten

Dagarna gick, men jag hörde aldrig något om hur det gick för mamma och mina bröder. Jag visste inte vad som hade hänt med dem efter att jag åkt. Jag hade pratat med polisen, berättat allt jag kunde minnas, i minsta detalj, om vad pappa hade gjort mot mig. Men det fanns något jag inte kunde säga, något jag inte vågade uttala.

Jag kunde inte berätta att det hade pågått i sju år nu heller. Jag ville skydda mamma. I utredningen sa jag att det bara hade pågått i ett år – hans övergrepp, våldtäkterna, hur han band fast mig i sängen och slog mig. Jag var rädd för att polisen skulle tro att mamma varit delaktig i det, för hur kunde de förstå varför hon inte tog oss bort från honom?

Jag genomgick gyn undersökningar och bevismaterial samlades in från vårt hem. När utredningen inleddes fick jag veta att en rättsprocess mot pappa skulle påbörjas och att jag skulle behöva stå inför Tingsrätten. Jag kände mig förkrossad. Jag hade frågat efter mamma och mina bröder, men inget svar kom. Förhandlingarna mot pappa hade startat och hela processen kändes överväldigande.

Jag fick tilldelat mig en mycket kompetent försvarsadvokat, som snabbt blev min trygghet i det här kaoset. Han förklarade för mig hur utredningen och rättegången skulle gå till. Först samlades bevisen – både från min berättelse och material från hemmet – och sedan skulle jag vittna om vad som hade hänt. Det kändes skrämmande att tänka på allt som låg framför mig, men min advokat såg till att jag inte behövde möta pappa i rätten, vilket var en av hans viktigaste åtgärder för att skydda mig.

Han såg till att alla mina rättigheter togs tillvara på och att jag skulle kunna genomgå hela processen på ett sätt som var så skonsamt som möjligt, både fysiskt och psykiskt.

Att vara i Tingsrätten, i det där kalla rummet, var både skrämmande och obehagligt. Men med min advokat vid min sida visste jag att han kämpade för mitt bästa och att jag inte var ensam i det här. Jag hade också stöd från en av kvinnorna från socialtjänsten, som verkligen hade ställt upp för mig. Hon följde med mig genom hela processen, gav mig sitt stöd och lade ner all sin tid och energi på att hjälpa mig. Hon var en konstant trygghet i en tid fylld av osäkerhet. Hon var en person som inte bara såg mig som ett ärende, utan verkligen lyssnade och förstod. Hon hjälpte mig att bearbeta allt jag gick igenom och utan hennes stöd skulle allt ha känts ännu svårare. Hennes engagemang var ovärderligt för mig under den här tunga perioden och jag visste att jag hade någon som kämpade för mig på ett helt annat sätt än vad jag tidigare upplevt. Jag minns att när det var min tur att gå ut till rättssalen, så hörde jag röster från ett annat rum. Röster som påminde om mammas och brödernas. Jag stannade till och frågade min advokat,

-Vem är det som sitter där inne?

Han gick fram till dörren och öppnade den försiktigt. När jag såg att det faktiskt var mamma och mina bröder, kändes det som att mina ben nästan vek sig under mig. Mitt hjärta växte och fylldes av en enorm lättnad.

Mamma och bröderna rusade fram till mig och vi släppte alla känslor fria. Vi kramades hårt och grät.

-Ni lever! Ni lever! utbrast jag, mellan skratt och tårar.

Det var en sådan lättnad, en obeskrivlig känsla.

-Vi är här för att ge vårt vittnesmål, sa de.

Deras ord fyllde mig med en ny styrka.

Plötsligt kände jag mig inte längre nervös inför rättegången. Det var som om deras närvaro gav mig en kraft jag inte visste att jag hade. Jag kände mig inte längre ensam i det här. Jag hade deras stöd och det gav mig modet att stå upp och fortsätta, trots allt som låg framför oss.

Efter rättegången fick jag gå tillbaka till rummet där mamma och mina bröder satt. Jag såg på dem och den oroliga känslan i mig växte. Jag samlade mod och frågade, med en röst som nästan brast,

-Snälla, berätta. Vad hände den dagen efter att jag hade åkt?

Jag ville förstå, jag ville veta hur de hade haft det, men samtidigt var jag rädd för vad deras svar skulle innebära. Hela jag var fylld av en blandning av förväntan och fruktan.

Mamma började berätta,

-Efter att du hade åkt gick jag in i lägenheten och såg att en av dina strumpor som du försökt packa ner i all hast, låg på vardagsrumsgolvet. Jag stirrade på den ett tag och plötsligt slog det mig. Allt vi hade gått igenom, allt vi hade kämpat oss igenom – och nu, när du var borta, insåg jag hur modig du faktiskt hade varit. Och där, mitt i allt, bröt jag ihop. Gråten kom som en flod, för tack vare dig hade jag funnit en styrka jag aldrig trott jag hade Det var som om något vaknade inom mig. Jag hade bestämt mig för att konfrontera honom, att säga allt jag burit på så länge...

Strax innan dina bröder kom hem från skolan den dagen, kom det ett kraftigt knackande på dörren och när jag öppnade stod två poliser framför mig. De var där för att informera mig om att polisen skulle sitta i en civilbil utanför lägenheten, precis mitt emot köksfönstret.

Polisen sa att jag inte fick låta honom dra för fönsterna när han kom hem för dom skulle kunna se in från gatan och att jag skulle gömma undan alla köksknivar och saxar. Poliserna övertygade mig om att vi var i säkerhet men att dom behövde vänta tills han kom hem innan dom kunde ingripa. Sedan gick dom ut. Jag gick ut i köket och plockade ihop alla knivar och saxar jag kunde hitta, allt som skulle kunna användas som tillhygge och gömde dom. När dina bröder kom hem pratade jag med dem och förklarade vad som hade hänt och jag låste in dem i deras sovrum, för att säkra att det inte händer dom något.

Jag hörde mammas ord och såg på henne, försökte förstå det där ljusa hoppet och smärtan som fick henne att fatta ett så dramatiskt beslut.

Mamma fortsatte att berätta, tårarna rinnande nerför kinderna,

-Ja och sen slog klockan fyra och det som var så märkligt var att när jag hörde ytterdörren öppnas, hörde jag honom komma in, skrattandes. Det var inte det som vi var vana vid och det första han sa var,

"Vart är mina älskade barn? Idag ska vi äta middag ute"

Jag kände en kall kår längs ryggraden. Det var som om ingenting hade hänt, som om han inte alls var den han egentligen var. Hans skratt, de ord han sa, var som ett dåligt skämt, en falsk fasad för att dölja det mörka som låg bakom hans handlingar.

Men sekunderna efter märkte han att ni barn inte stod i hallen. Han stelnade till och blicken han gav mig förändrades genast. Han tittade på mig och hans röst var plötsligt fylld av ilska när han sa,

"Vart är mina barn?!"

Det var som om luften i rummet blev tung. Hans skratt försvann lika snabbt som det kom och jag kände hur en kall rädsla spred sig inom mig. Den där tonläget – fullt av hot – fick mig att förstå att han är samma onda människa som han alltid har varit.

Jag svarade honom att vi behövde prata och att vi borde sätta oss vid köksbordet. Hans kroppsspråk avslöjade direkt att han var ursinnig – hans muskler spände sig och hans blick var hård och hotfull. När han skulle sätta sig ner, sträckte han sig mot fönstret för att dra för persiennerna. Men i samma ögonblick såg jag min chans och sa, med en röst som darrade av både rädsla och beslutsamhet,

"Stopp! Dra inte för dem. Där ute står en civilpolisbil och väntar på min minsta gest. Om du gör något nu som får dem att tro att du är farlig, kommer de komma in och ta dig."

Tystnaden som följde var tjock av spänning. Hans blick var som ett stormande hav och jag visste att vad som helst kunde hända.

"Vad i helvete har du gjort, kvinna!" skrek han åt mig.

Men jag höll fast vid min styrka. Orden bara forsade ur mig, som en flodvåg jag inte kunde stoppa. Jag sa rakt ut i hans ansikte allt han hade utsatt mig för, och er alla – mina barn. Jag sa att han hade förlorat oss och att han måste ge upp nu och stå till svars för sina handlingar. Det var som om en tung börda föll från mina axlar.

Jag kände hur orden hängde kvar i luften, tunga och smärtsamma, medan jag försökte bearbeta allt mamma hade gått igenom för att äntligen få uttrycka sina känslor mot pappa.

Hon fortsatte,

-Det var så befriande att få vräka ur mig allt jag hållit inne så länge, att äntligen få säga de ord som jag aldrig trott att jag skulle kunna få fram. Och när jag såg på honom såg jag bara en man som inte längre hade någon makt över oss.

Han reste sig upp, hans ögon blixtrade av ilska och han höjde handen mot mig. Jag frös till, men innan något mer hann hända hörde jag plötsligt ett hårt bankande på ytterdörren. Sedan stormade polisen in och på ett ögonblick tog de tag i honom och drog ut honom från lägenheten. Det var som om hela rummet snurrade för ett ögonblick. Jag såg på, chockad, när de tog bort honom, sen kände jag att något rättvist äntligen var på väg att hända. En våg av lättnad sköljde över mig och för första gången på länge kände jag att jag kunde andas ut. Jag sprang snabbt till sovrummet där dina bröder väntade och när jag låste upp dörren såg jag direkt på deras ansikten hur rädda och spända dom hade varit,

"Det är över nu", sa jag till dem och jag kände hur min röst brast av lättnad. Vi kramades alla fyra, tysta men samlade.

"Han är borta nu…"

Deras ögon fylldes med osäkerhet, men också en glimt av hopp. Jag såg på dem och visste att vi tillsammans, som en familj, skulle börja läka. Sen dess har vi bara väntat på att få hem dig Miranda, avslutade hon med.

Jag minns hur jag satt där och grät när jag hade hört mamma berätta. Jag kände en sådan översvallande stolthet över henne, en känsla av att hon verkligen hade varit modig, kanske mer modig än jag någonsin hade förstått. Hon hade kämpat för oss på ett sätt jag inte riktigt kunde sätta ord på och just då insåg jag hur mycket hon hade genomlidit för att skydda oss.

Jag var så stolt över henne – över allt hon hade orkat göra, trots rädslan och smärtan.

Mamma avbröt mina tankar och sa med en röst som darrade,

-Förlåt mig, mina barn. Förlåt för att jag inte räddade er, jag skulle ha tagit bort er från honom för längesedan.

Det var som om hennes ord skar genom luften, fyllda av ånger och smärta. Jag såg på henne och förstod att hon hade burit på den här skulden länge, men jag visste också att hon hade gjort det bästa hon kunde, även om det inte alltid kändes så.

Och så tittade vi alla på varandra och utan att säga så mycket mer, visste vi alla vad vi hade kommit fram till. Med beslutsamhet och kraft i våra röster sa vi tillsammans,

-Nu gör vi ett slut på detta och börjar ett nytt kapitel.

Det var som om luften plötsligt blev lättare att andas och trots allt det svåra vi hade genomgått, kände vi nu en gemensam styrka. Ett nytt kapitel började och vi var redo att möta det tillsammans. Vi var fria och allt skulle bli bra.

Trodde vi…

Domen

Pappas dom kom och det kändes nästan overkligt, som om jag inte riktigt kunde förstå att det äntligen var över.

Sex års fängelse för att under ett års tid ha utövat,

- Grovt sexuellt utnyttjande av underårig
- Grov misshandel
- Grov fridskränkning
- Olaga frihetsberövande

Jag stod där, helt chockad över domen. Jag hade aldrig vågat tro att all bevisning och mina ord skulle vara tillräckliga för att fälla honom. Men samtidigt kände jag en lycka över att vi hade vunnit. Jag mötte min advokats blick och där fanns något i hans ögon – en blandning av respekt och något djupare, som om han ville säga mer än vad han faktiskt gjorde. Hans ord bröt tystnaden,

-Jag är så stolt över dig Miranda!

Och plötsligt kände jag hur en värme spred sig genom kroppen, som om hans ord – hans bekräftelse – gav mig något jag inte ens visste jag saknat.

Det var som om en tung börda lyftes från mina axlar och jag insåg att jag faktiskt kunde vara stolt över mig själv. Jag hade vågat. Jag hade vågat bryta mig loss från pappas onda grepp och för första gången kände jag mig fri.

Och för mig hade rättvisan till sist segrat. Men trots det har jag under alla dessa år känt att min mamma och mina bröder aldrig fick den rättvisa de förtjänade. Jag önskar att vi hade haft modet att säga hela sanningen, att berätta hur länge vi verkligen hade varit utsatta. Men jag tror att just i den stunden var vi bara lättade över att äntligen vara fria från pappa. Vi vet ju nu värdet på den friheten vi har kämpat för. Jag hoppas att den här boken kan ge deras själar den upprättelse de förtjänar.

Gömda

Efter några veckor fick jag flytta tillbaka hem till mamma och mina bröder. Jag minns fortfarande den känslan, den där överväldigande känslan när jag kom hem. Det kändes så märkligt att vara fri, att få vara hemma utan rädsla som hängde över oss. Mamma hade gett vårt hem en helt ny prägel och det var som om varje liten detalj var fylld med värme och trygghet. Det var som om vi hade fått ett nytt liv. Att vi slapp pappas våld, kontroll och vrede var en befrielse på ett sätt jag aldrig kunnat föreställa mig. Det lilla, men viktiga, som nu var vårt – att få ha Tv:n på i vardagsrummet och titta på vilka program vi ville – kändes som en lyx. Att kunna öppna kylskåpet och skafferiet när vi ville, utan att oroa oss för konsekvenserna, var något jag aldrig trott jag skulle uppskatta så mycket. Och att få ha fredagsmys med popcorn, chips och läsk till – det var en enkel lyx vi verkligen tog vara på.

Ett av dom minnena som jag håller varmt i hjärtat är när jag och mina bröder fick promenera till Dianas 'videoaffär och hyra en film som vi alla skulle se på tillsammans. Vi var så glada och det var så stort för oss, vi hade aldrig hyrt film innan. Vi började känna nya oväntade känslor inför saker vi nu fick göra, sådant vi aldrig hade fått göra innan. Att bjuda över vänner hem eller hänga ute med dem på stan – ta en fika, strosa runt i butiker och känna oss fria.

Men trots den nya friheten, var vi alla djupt skadade inombords, på våra egna sätt. Vi bar på ärr som inte alltid var synliga, men som ändå styrde våra liv. Vi behövde tid att bearbeta allt vi hade gått igenom, för våra sår visade sig på olika sätt – genom tystnaden, genom vår oro och genom de små, ibland omärkliga reaktionerna vi hade på vardagliga saker.

Efter ett tag när jag kände mig redo så återvänd jag till skolan. Jag fick återförenas med mina vänner. Det var en obeskrivlig känsla.

Jag och mina bröder behövde inte gå tillsammans till skolan och vi behövde inte vara hemma prick klockan fyra.

Plötsligt fanns ingen som behövde hålla ett öga på mig längre och störst av allt – jag behövde inte åka i väg i en bil på mina raster. Jag var fri. Fri att göra vad jag ville, när jag ville. Men friheten var inte så enkel som jag trott. Det var svårt att hantera, svårt att veta vad jag skulle göra med alla känslor som plötsligt hade fått utrymme. Jag vet att det kanske låter konstigt, men när ingen längre kontrollerade mig eller styrde över mig, kändes det som om jag inte visste vad jag egentligen var – som om jag hade förlorat mig själv i den friheten. Det var samma sak för mamma och mina bröder. Vi alla kämpade med att hantera våra känslor och på olika sätt lät vi dem komma ut. Det var som om alla våra inre stormar plötsligt hade fri väg att bryta ut.

Det tog tid för oss alla att hitta vår plats i den nya vardagen, att anpassa oss till vårt nya liv – ett liv som vi ännu inte riktigt visste hur vi skulle leva. Mamma kämpade för att ta hand om oss barn själv och leda oss in i en bra riktning i livet, samtidigt som hon själv skulle läka och bära föräldraansvaret över oss barn som hon aldrig fått ha innan. Vi som hade växt upp med att hon bara var barnet som oss. Här kan jag känna och önska att mamma hade fått lite mer hjälp i hennes föräldraskap och i hennes mående. Hon hade inte riktigt förmågan att kunna hantera våra utbrott och våra känslor. Efter ett tag var det som att min kropp och själ inte orkade mer, jag hamnade i en djup depression.

Och det ledde till att jag skolkade väldigt mycket från skolan vilket min storebror också gjorde. Det var som att vi var så trötta i själen. Jag minns att rektorn från vår skola brukade komma hem till oss tidigt på morgonen för att försöka få upp oss och ta med oss till skolan.

Jag förstår det idag, rektorns ansträngning till att vilja försöka ge oss en bra skolgång ändå, hans sätt att lägga upp en plan för oss. Hans sätt att visa att han bryr sig om oss. Men vi hade inte den orken att vara i skolan, det var som att vårt inre hade kollapsat. Vi låg bara där i varsitt rum i mörkret.

Sen var det min lärare som kämpade för att jag skulle få börja med samtalsterapi. Och jag gick på samtalen två, tre gånger men jag kände att det inte var rätt hjälp för mig. Läraren var den som verkligen såg mig och insåg att jag behövde hjälp och han stannade kvar där för mig, även efter att stormen hade lagt sig. Hans stöd var en ständig påminnelse om att det fanns människor som brydde sig, som inte bara försvann när allt lugnade ner sig.

Likaså mina vänner i skolan. Jag kände mig verkligen förstådd och omtyckt av dem, som om de såg mig för den jag verkligen var och inte för vad jag hade varit med om. Deras stöd gav mig en trygghet som jag inte visste att jag saknade och för första gången på länge kände jag mig som en del av något. Jag började sakta att ta mig upp och försökte vara i skolan halva dagar åtminstone. Men någonting var fel, jag kunde inte få fram clownen inom mig. Jag var inte längre skolans clown. Vem var det som fanns där inne nu? Någon jag behövde lära känna på nytt – en tonårsflicka som inte längre bara gömde sig bakom skämt och skratt. Jag var tvungen att möta den här nya personen inom mig, någon jag inte riktigt visste vem det var.

Jag hann knappt börja förstå vem den nya personen inom mig var innan nästa händelse inträffade och fick mig att tappa all fokus på mig själv.

En dag när jag kom hem från skolan såg jag att mamma var ledsen och orolig.

-Vad är det mamma? frågade jag.

Hon tog fram ett brev, ett handskrivet brev från fängelset.

"Jag kommer att döda er" stod det.

Det var pappa som hade skickat ett hotbrev.

-Han vill bara skrämma oss, låt honom inte påverka dig. Han är inte här, mamma. Han hotar oss som han alltid har gjort.

Jag sa det med en lugn röst, men varje ord kändes som en ansträngning. Jag försökte dölja min egen rädsla för att inte oroa mamma, men inuti var jag inte alls så säker som jag lät.

Det hade bara gått några månader sedan pappa började sitta av sin tid i fängelset och hoten blev bara värre.

Det började banka på vår ytterdörr och när vi tittade genom titthålet så gömde sig personen i trapphuset. Vi började bli förföljda när vi var ute. Pappas bästa vänner skulle hämnas på oss. Det hade gått så långt att vi hela tiden fick kolla en extra gång över axeln.

Jag minns en gång när mamma skickade i väg mig och min lillebror till mataffären. Vi hade precis handlat klart när jag såg honom – en man som stod och väntade på oss utanför butiken. När vi började gå hem igen, märkte jag att han började följa efter oss.

Stegen kändes längre och tyngre för varje sekund och en obehaglig känsla växte inom oss. Vi började känna oss rädda, som om något inte var rätt.

-Kom, vi går över till andra sidan vägen, sa jag till min lillebror.

När vi gick över till andra sidan vägen följde mannen efter. Jag och min lillebror kastade en blick på varandra och utan att tveka ökade vi tempot. Våra ben kämpade för att röra sig snabbare, men varje steg kändes tyngre än det förra.

Paniken trängde sig på, som ett iskallt grepp om våra hjärtan. Men det hjälpte inte. Mannen var fortfarande där, hela tiden närmare. Trots våra ansträngningar hörde vi hans tunga steg bakom oss, konstant, obevekliga. Vi försökte hålla takten, men ju snabbare vi gick, desto närmare kom han, som en skugga som aldrig förlorade vårt spår.

-På tre springer vi allt vi kan, sa jag, rösten darrande av adrenalin. Jag såg på min lillebror och utan ett ord började jag räkna: ett, två, tre… NU!

Vi kastade oss framåt, bena flög under oss, hjärtat bultade i bröstet. Vi sprang allt vi hade och snart började vi se konturerna av vårt hem genom mörkret. Men bakifrån hördes tunga steg – mannen jagade oss. Vi var nästan framme, men han var inte långt bakom. Snabbt öppnade jag ytterdörren till trappuppgången och vi sprang upp för trapporna och bankade jättehårt på dörren och skrek,

-Öppna! Mamma öppna fort!

Mamma öppnade dörren så snabbt hon kunde och släppte in oss, innan hon hann fråga oss vad som hade hänt, hördes det – mannen slog och bankade på vår dörr med all sin kraft.

Varje slag ekade genom trapphuset och in i vår lägenhet, som om han försökte bryta sig in. Vi stod där, hjärtskrämda och mamma såg på oss med en blandning av rädsla och insikt. Hon förstod nu att hotet var verkligt och vi var inte längre säkra. Mamma gjorde polisanmälningar för varje hotbrev vi fick och för varje hotsamtal vi fick i hemtelefonen. Nu hade det gått så långt att vårt hem var omringat av män som kastade stenar på våra fönster – gång på gång, utan att ge oss en chans att andas. Vi hörde hur stenarna smällde mot rutorna, som ett slag i magen. Pappa, som var fast bakom galler, hade skickat dem som om det var ett uppdrag han styrde från sitt fängelse och vi var de oskyldiga målen för hans hämnd. Det kändes som om hans händer fortfarande styrde våra liv, fast han inte var med oss längre. Nu kunde vi inte längre gå ut säkra.

Polisen tog hoten på största allvar och plötsligt, utan förvarning, var vi tvungna att fly mitt i natten. Vi hann knappt säga ett ord till varandra innan vi fick skyddade identiteter och tvingades leva gömda. Världen vi en gång kände var borta och vi var nu på flykt, för alltid på jakt efter trygghet.

Vi lämnade allt bakom oss, utan ens en chans att säga "hej då" till någon. Vårt hem, våra saker, alla de små detaljerna som en gång varit våra – de förlorade vi på ett ögonblick. Men det var inte bara våra saker vi lämnade. Vi lämnade den frihet vi hade kämpat så länge för, friheten som vi trott vi hade vunnit.

Men pappas rop och löften om vad han skulle göra om vi försökte fly, ekade fortfarande i våra huvuden. Nu var vi inte bara förlorade i ett nytt liv – vi var jagade och vi skulle leva gömda, alltid på vakt, utan någonstans att vara säkra, för på något sätt lyckades pappa alltid hitta oss.

Hans hotfulla brev började trilla in igen, varje ord fylld med vrede och hämnd. Hans vänner och släktingar, de som var lika skrämmande som han, började dyka upp på de mest oväntade ställena. Ja, allt detta, allt han gjorde mot oss, hände medan han satt bakom galler. Fängslad i sitt eget fängelse, ändå sträckte hans räckvidd sig långt bortom cellerna. Hans hot, hans inflytande, hans förföljelse – inget av det stannade vid hans fängelsemur. Det var som om hans ondska inte hade några gränser och vi var de som fick betala priset.

Vi kunde aldrig känna oss säkra. Det var omöjligt att andas ut. Och varje gång vi trodde vi hade fått en chans att börja om, tvingades vi flytta igen, lämna allt vi hade byggt upp.

Men en dag insåg vi, mitt i all vår förtvivlan,

Varför är det alltid vi som ska fly? Varför är det vi som tvingas börja om? Nej, han får inte längre det han vill. Vi ska inte låta honom skrämma oss längre.

Nu fick det vara nog och efter tio år som gömda vägrade vi att fortsätta vara de som gömde oss, de som flydde för alltid. Det var dags att ta tillbaka kontrollen. Vi skulle inte låta pappa vinna. Vi har brutit oss loss, oavsett vad det kostar och vi ska leva i friheten,

– på våra egna villkor.

Vi är inte fångar längre.

***

Jag vill uttrycka min djupaste tacksamhet till alla inblandade som har varit med på min resa, från första början till slutet. Tack för ert oavbrutna stöd, för att ni trott på mig när jag tvivlade på mig själv och för att ni gav mig modet att stå upp och kämpa. Tack för att ni gav mig en röst när jag inte hade ord och för att ni ständigt påminde mig om att jag inte var ensam.

Ett särskilt tack till min lärare, som var den som hjälpte mig att påbörja min resa mot friheten. För att han trodde på mig och alltid fanns där, lyssnade och stöttade mig när jag behövde det som mest.

Tack till min advokat, som inte bara gav mig rättvisa utan också visade mig att ingen är osynlig eller maktlös. Tack för att du såg till att jag fick upprättelse och inte gav upp, även när vägen var lång och svår.

Utan er alla skulle jag aldrig ha orkat. Ni har varit en del av min resa mot friheten, mitt stöd och min styrka och jag kommer för alltid att bära med mig ert stöd och er omtanke. Ni vet vilka ni är och ni är en del av min historia. Jag är tacksam för att ni funnits där för mig.

(Jag var 13 år gammal, iförd en grå tröja och svarta byxor som jag oftast hade på mig. Jag var tvungen att posera, att se glad ut, trots att smärtan under fotsulorna fortfarande kändes, även om det hade gått några dagar. Det var en stund som skulle verka lycklig, men för mig var det bara en fasad – en bild jag tvingades vara en del av.)

Miranda:

När jag ser tillbaka på allt jag har gått igenom, på de mörka stunderna och de vägar som har varit tuffa att vandra, inser jag att jag inte bara har överlevt – jag har vuxit. Jag har kämpat för varje liten bit av den styrka och frihet jag har idag. Det har inte varit lätt och det har varit långt ifrån enkelt, men jag har funnit en inre styrka som jag inte visste att jag hade. Min resa har inte varit en linjär väg, men varje hinder har lärt mig något om vem jag är och vad jag är kapabel att stå emot. Och även om smärtan ibland fortfarande känns som ett djupt ärr, har jag lärt mig att leva med den. Jag har tagit med mig allting jag har lärt mig, allt jag har kämpat för och bär det med mig in i framtiden. Jag har kämpat för att hitta mig själv och i den processen har jag blivit mer än bara den jag var. Jag har blivit den jag är nu. Och det är nog. För jag vet att jag inte är den jag var då. Jag är den jag har kämpat för att bli.

Framtiden är inte skriven, men jag går framåt med styrka och vetskapen om att jag har överlevt det värsta. Jag har överlevt för att berätta min historia.

Och min historia är min egen.

Jag har accepterat att det finns ett förlåt som jag aldrig kommer att få.

Kära läsare,

Nu när ni har kommit till slutet av min berättelse, vill jag ge ett sista tack. Att skriva denna bok har inte bara varit en process av att dela min historia, utan också en väg till att förstå och acceptera den. Jag är djupt tacksam för att ni har tagit er tid att läsa, att känna och kanske till och med att reflektera över de svårigheter och utmaningar som har genomsyrat berättelsen.

Det är en lättnad att veta att boken har nått er – att mina ord har fått liv och att jag inte längre bär dem helt ensam. Tack för att ni har varit en del av denna resa. För varje sida ni har läst, har ni hjälpt till att ge dessa ord och denna historia ett värde och en plats i världen.

Jag hoppas att denna bok har gett er något, kanske förståelse för något ni inte visste om, eller kanske en påminnelse om er egen styrka. Oavsett vad ni tar med er från dessa sidor, så är ni nu en del av denna berättelse.

Tack för att ni har läst, för att ni har känt och för att ni har delat denna resa med mig.

Med all kärlek och tacksamhet,

Miranda Thishko

I SJU ÅR

© 2025 Miranda Thishko
Förlag: BoD · Books on Demand, Östermalmstorg 1,
114 42 Stockholm, bod@bod.se
Tryck: Libri Plureos GmbH, Friedensallee 273,
22763 Hamburg, Tyskland
ISBN: 978-91-8080-974-0